Critiques ~~~~~~~~~
Le secret pour trouver l'âme sœur

«Arielle Ford, en termes inspirants et encourageants, propose à partir de son expérience personnelle une façon de se préparer dans notre conscience, notre cœur et notre esprit à reconnaître le désir de notre âme d'une relation amoureuse authentique et lumineuse, et à l'attirer.»
— Michael Bernard Beckwith,
auteur de *La libération spirituelle*

«Dans un mélange harmonieux de métaphysique et de sens pratique, *Le secret pour trouver l'âme sœur* vous guide, exemple après exemple, sur la voie de la découverte du véritable amour. Arielle donne des conseils faciles à suivre pour abandonner tout ce qui peut vous empêcher de trouver la relation amoureuse que vous méritez. Si vous cherchez l'amour, achetez ce livre — vous vous en féliciterez.»
— James Arthur Ray, auteur
de *Harmonic Wealth*

«En tant que personne qui étudie, met en pratique et enseigne la Loi de l'Attraction depuis plus de 40 ans, je suis enchanté de tomber sur un livre qui traduit aussi merveilleusement les principes universels de la manifestation en un plan réalisable pour attirer une relation amoureuse enrichissante.»
— Jack Canfield, auteur de *La clé
pour vivre selon la Loi de l'Attraction*

« *Le secret pour trouver l'âme sœur* renferme la recette de l'amour, de la passion et d'avenirs inimaginables — créée et vécue par ma sœur Arielle Ford. Avec clarté et brio, ce livre donne un aperçu de tous les ingrédients nécessaires pour connaître l'amour que vous désirez et méritez vraiment. Lisez-le maintenant et laissez poindre l'amour. »

— Debbie Ford, auteure de *Le secret oublié*

« Pour vivre l'amour de votre vie et le bonheur, lisez ce livre et réalisez-les dans la volupté du moment présent. »

— Mark Victor Hansen, coauteur de la collection *Bouillon de poulet pour l'âme*

Le secret pour trouver l'âme sœur

DÉCOUVREZ L'AMOUR DE VOTRE VIE
GRÂCE À LA LOI DE L'ATTRACTION

ARIELLE FORD

ADA
éditions

Éditeur : François Doucet
Traduction : Danielle Champagne
Révision linguistique : L. Lespinay
Correction d'épreuves : Nancy Coulòmbe, Suzanne Turcotte
Design de la couverture : Tho Quan
Illustrations de la couverture : ©Thinkstockphoto
Mise en pages : Sylvie Valois
ISBN : 978-2-89667-208-0
Première impression : 2010
Dépôt légal : 2010
Bibliothèque et Archives nationales du Québec
Bibliothèque Nationale du Canada

Éditions AdA Inc.
1385, boul. Lionel-Boulet
Varennes, Québec, Canada, J3X 1P7
Téléphone : 450-929-0296
Télécopieur : 450-929-0220
www.ada-inc.com
info@ada-inc.com

Diffusion
Canada :   Éditions AdA Inc.
France :   D.G. Diffusion
                  Z.I. des Bogues
                  31750 Escalquens — France
                  Téléphone : 05.61.00.09.99
Suisse :   Transat — 23.42.77.40
Belgique :   D.G. Diffusion — 05.61.00.09.99

Imprimé au Canada $ODEC

Participation de la SODEC.
Nous reconnaissons l'aide financière du gouvernement du Canada par l'entremise du Programme d'aide au développement
de l'industrie de l'édition (PADIÉ) pour nos activités d'édition.
Gouvernement du Québec — Programme de crédit d'impôt pour l'édition de livres — Gestion SODEC.

Pour Brian Hilliard, mon âme sœur.
Tu es mon roc, mon filet de sécurité,
mon point d'ancrage et mon tremplin vers tout
ce qui est merveilleux dans l'expérience humaine.

Table des matières

Avant-propos

Il y a 10 ans, j'aurais aimé tomber par hasard sur le livre que vous tenez présentement entre vos mains! À cette époque, j'étais une femme célibataire de 40 ans, gâtée par la vie. J'étais en bonne santé et satisfaite sur le plan créatif; de plus, ma carrière allait bon train. En fait, ma vie fonctionnait bien à tous points de vue, sauf un : je n'avais pas encore trouvé mon âme sœur. Durant ces années, Arielle (qui était alors la brillante agente de publicité pour mes livres *Bouillon de poulet pour l'âme de la femme*) et moi passions de longues heures au téléphone à nous lamenter sur notre sort. Deux femmes aimables, intelligentes, passionnées et réussissant bien dans la vie se demandaient : *Où sont donc passés tous les bons partis?* S'il existe un cercle des «pauvres de moi», Arielle et moi en étions certainement membres en bonne et due forme.

Puisque nous nous parlions presque tous les jours, j'ai eu une place de choix pour assister à la remarquable suite des événements qui s'est déroulée quand Arielle a entrepris d'appliquer la puissante Loi de l'Attraction à sa vie amoureuse. Qu'elle se soit attiré une relation amoureuse positive et enrichissante avec un homme aussi merveilleux que Brian m'a inévitablement inspirée. De plus, son aptitude à porter ces principes intemporels jusqu'à l'ultime limite – le domaine des relations intimes – m'a fourni un modèle clair que j'ai suivi. Un an après qu'Arielle ait rencontré son âme sœur, j'ai rencontré la mienne.

Dans le film et le livre *Le secret,* j'affirmais que la plupart d'entre nous avons été conditionnés à rechercher des circonstances extérieures comme la richesse, la réussite et les relations intimes parce que nous croyons qu'elles vont nous rendre heureux. En fait, j'ai découvert (et j'en ai parlé plus en profondeur dans mon livre *Heureux sans raison*) que c'est l'inverse. Plus nous sommes heureux, plus nous attirons facilement à nous ce que nous voulons.

À tout instant, chaque jour, nous transmettons des signaux énergétiques que les gens autour de nous captent. C'est ce qui explique pourquoi une personne malheureuse s'attire encore plus de malheurs, tandis qu'une personne déjà heureuse devient l'aimant d'un bonheur encore plus grand. Si nous voulons attirer des partenaires de vie qui sont heureux, passionnés et autonomes, nous devons d'abord nous efforcer de générer ces qualités en nous-mêmes.

C'est précisément la formule qu'a suivie Arielle avec grand succès dans sa vie personnelle et qu'elle prescrit maintenant — de façon claire, pratique et inspirante — dans ce livre. *Le secret pour trouver l'âme sœur* vous guide au fil de processus agréables et d'exercices pratiques qui vous aideront à savourer et à célébrer l'amour qui existe déjà dans votre vie, pendant que vous vous préparez sur tous les plans à le partager avec une autre personne.

Au début de ce voyage formidable, je vous invite à vous concentrer un peu moins sur le bonheur que vous retirerez *de* votre relation avec votre âme sœur et un peu plus sur le bonheur, l'amour et la satisfaction que vous souhaitez apporter *à* cette relation. Ayez la certitude que le moment arrivera à point nommé, et alors que vous apprendrez à vous aimer davantage, l'être aimé viendra à vous tel un papillon vers la lumière. Voyez-le, sachez-le, sentez-le autour de vous, et expérimentez la gratitude à mesure qu'est comblé le désir de votre cœur.

Avec amour,
Marci Shimoff

Le test QI à propos de l'âme sœur

À chaque question, répondez OUI, NON, OU NE SAIS PAS :

Croyez-vous que vous avez une âme sœur ?

Êtes-vous prêt à rencontrer votre âme sœur aujourd'hui ?
Tout de suite ?

Si votre âme sœur avait la faculté d'observer votre vie présentement, retiriez-vous de la fierté de ce qu'elle verrait ?

Êtes-vous à votre meilleur sur les plans physique et psychologique pour rencontrer votre âme sœur ?

Votre foyer est-il prêt à accueillir votre âme sœur ?

Avez-vous dressé la liste des 10 qualités que vous souhaitez voir chez votre âme sœur ?

Affichez-vous régulièrement les qualités qui selon vous plairaient à votre âme sœur ?

Conservez-vous encore en vous l'énergie d'anciennes relations amoureuses — ou portent-elles encore la vôtre?

Êtes-vous en paix avec la possibilité de ne jamais rencontrer votre âme sœur? (Croyez-vous vraiment que votre vie sera satisfaisante même si vous ne rencontrez pas cette personne?)

Si vous avez répondu non ne serait-ce qu'à une seule de ces questions, il est possible que vous empêchiez inconsciemment votre âme sœur de se manifester dans votre vie. *Le secret pour trouver l'âme sœur* vous aidera à éliminer ces blocages et vous montrera comment attirer le GRAND AMOUR.

Introduction

Dès que j'ai entendu ma première histoire d'amour,
j'ai commencé à te chercher,
ignorant à quel point j'étais aveugle.
Les amoureux ne finissent pas par se rencontrer
quelque part; ils sont depuis toujours l'un dans l'autre.

Rumi

Vous êtes-vous déjà demandé ce qu'il vous fallait pour rencontrer l'amour de votre vie ? Rêvez-vous de trouver un ou une partenaire de vie qui vous aimera, vous chérira et vous adorera ? Si vous désirez ardemment une âme sœur, ce livre vous montrera comment utiliser la Loi de l'Attraction pour vous préparer dans votre corps, votre esprit et votre âme, à l'arrivée de l'être aimé.

Puisque je n'ai moi-même rencontré et épousé mon âme sœur qu'à l'âge de 44 ans, j'ai beaucoup appris en cours de route à propos de ce qui fonctionne et ce qui ne fonctionne pas dans le domaine de l'amour et des relations sentimentales. J'ai fréquenté des hommes dominateurs, des hommes ayant une personnalité passive-agressive, des hommes qui ne tenaient pas compte de moi et des hommes avec lesquels je me sentais petite et insignifiante. Autrement dit, j'ai eu plus que mon lot de types nuls ! Mais j'ai aussi découvert une formule — que j'appelle le secret de l'âme sœur — pour devenir un aimant de l'amour profond et passionné.

Cet Univers merveilleux qui est le nôtre est conçu de manière à diriger vers nous les personnes et les expériences qui correspondent à notre système de croyances personnel. Si vous croyez que jamais vous ne rencontrerez « la bonne personne », eh bien, devinez quoi ? C'est probablement ce qui se produira. Si, par contre, vous apprenez à croire que la bonne personne est non seulement quelque part mais *qu'elle vous cherche aussi,* alors à vous le vrai amour.

Ma grand-mère disait que chaque pot avait son couvercle. Autrement dit, chaque personne a son parti — un ou une partenaire idéale. Cependant, je dois admettre que très, très souvent durant ma trentaine, j'ai mis en doute sa théorie parce que je n'avais pas encore trouvé de couvercle à mon pot. À cette époque de ma vie, je travaillais à la maison et les seuls hommes que je rencontrais étaient des livreurs — le facteur, les messagers, le fournisseur d'eau — et la plupart étaient déjà mariés !

Puis un jour, j'ai vécu une expérience qui a vraiment ancré en moi la croyance que mon âme sœur était là… quelque part. Cela est arrivé pendant que je regardais l'émission *Oprah* à laquelle participait Barbra Streisand. Elle était récemment tombée amoureuse de James Brolin et je me rappelle avoir pensé : *Voilà une diva super riche et ultra célèbre qui a « la réputation d'être difficile » et pratiquement inaccessible. Combien d'hommes peuvent lui convenir ?* Puis, je me suis dit : *si l'Univers peut trouver quelqu'un pour elle, alors pour moi, ce sera de la tarte !* Ce moment a vraiment été un état de grâce. J'ai su immédiatement avec une certitude absolue que si l'Univers détenait l'homme parfait pour Barbra Streisand, mon âme sœur était à coup sûr quelque part aussi. Pourtant, dans les faits, il a fallu que j'embrasse encore pas mal de grenouilles avant de rencontrer mon prince.

Au début des années 1980, je vivais à Miami en Floride et je fréquentais un scientifique fou, très mignon, mais dangereusement dominateur. J'étais sûre qu'il y avait moyen de le transformer en un gars aimable, affectueux et facile à vivre. Évidemment, je me trompais complètement. Afin de comprendre cette situation, je suis allée consulter une voyante célèbre de Miami Beach. J'étais certaine qu'elle allait me dire de patienter, qu'un jour ma grenouille allait se changer en prince charmant et que notre relation intermittente allait se stabiliser. Mais ce qu'elle m'a dit m'a plutôt surprise. Elle m'a annoncé que d'ici six mois j'allais déménager en Californie et que je passerais le reste de ma vie sur le littoral du Pacifique. À cette époque, j'avais rompu avec mon scientifique fou, mais je pensais encore que nous allions nous remettre ensemble (je suis tellement *heureuse* que nous ne l'ayons pas fait — vous saurez bientôt pourquoi).

Quelques semaines plus tard, j'ai été congédiée inopinément. J'étais atterrée. Je ne m'y étais pas du tout attendue. L'un des directeurs pour qui je travaillais a été étonné d'apprendre mon congédiement et m'a confié qu'il allait aussi démissionner pour pouvoir entreprendre un projet important. Il m'a dit que dans six mois il pourrait m'offrir un poste qui, selon lui, me conviendrait parfaitement. Confiante qu'un emploi m'attendait à Miami si je le voulais, j'ai senti que c'était le moment idéal pour faire quelque chose de très aventureux. J'ai décidé de m'installer à Los Angeles pendant six mois. J'étais allée une fois à L. A. et j'en étais tombée amoureuse. Mes bagages ont été prêts en quelques jours et je me suis envolée vers une ville où je n'avais qu'une amie et aucune relation d'affaires. Durant le vol, j'ai lu *Techniques de visualisation créatrice* de Shakti Gawain. J'y ai appris la méthode de base pour visualiser et sentir les circonstances et les événements que je voulais voir se concrétiser dans ma vie. J'ai aussi lu un livre intitulé *Key to Yourself*, écrit dans les années 1950 par Venice Bloodworth, qui propose une sage et profonde vision de la prière et de la manifestation. À Los Angeles, j'ai fréquenté une église fondée sur la Nouvelle Pensée où j'ai appris une prière quotidienne pour attirer l'abondance. Toutes ces techniques ont fonctionné!

En quelques semaines, j'ai pu manifester un bon emploi et des conditions de vie parfaites avec une colocataire; de plus, je me suis fait de nouveaux amis. Au cours des quelques années suivantes, j'ai continué de recourir à cette technique pour améliorer ma vie sur les plans professionnel et général, mais sans jamais réussir à la rendre efficace dans le domaine amoureux.

À la suite de recherches, de réflexions et de thérapies, et après avoir participé à divers ateliers de croissance personnelle, je me suis finalement rendu compte que plusieurs problèmes m'empêchaient de manifester l'amour :

1. Je ne croyais pas mériter une relation merveilleuse.

2. Je ne m'aimais pas.

3. Je portais un gros bagage sur le plan émotionnel.

Jusqu'à ce que je me penche sur ces éléments qui m'empêchaient de réussir et que j'apprenne à adapter de manière spécifique les techniques de la manifestation à quelque chose qui m'était très cher, je n'obtiendrais pas les résultats souhaités. Je me suis mise à puiser dans tout ce que j'avais assimilé à propos de la manifestation, de la psychologie, de la spiritualité et de la Loi de l'Attraction, pour l'appliquer à ma vie amoureuse. Mes intentions sont devenues claires comme du cristal, alors que simultanément je faisais le ménage de ma maison *et* de mon cœur. J'ai appris et inventé des techniques, des rituels, des visualisations et des prières qui m'ont amenée à préparer mon corps, mon esprit, mon cœur et ma maison en vue d'une relation formidable. Et cela a marché. Six mois après avoir pris au sérieux mon intention de voir se manifester mon âme sœur, j'ai rencontré mon mari, Brian, qui a dépassé tous mes désirs et toutes mes attentes. Il était et il est tout ce que j'ai toujours désiré.

Vous pouvez trouver le véritable amour, peu importe votre âge, si vous avez la volonté de vous préparer, sur tous les plans, à devenir un aimant énergétique de l'amour que vous recherchez. Vous avez franchi une première étape importante en ouvrant ce livre. À mesure que vous vous absorberez dans les techniques, les rituels, les prières et les projets décrits dans ces pages, vous vous préparerez à tous points de vue à attirer l'homme ou la femme de vos rêves. *Le secret pour trouver l'âme sœur* est un guide complet pour préparer votre corps, votre esprit, votre cœur, votre âme et votre maison en vue de l'arrivée de votre partenaire de vie idéal.

Je crois fermement que pour obtenir du succès dans n'importe quel domaine, il faut équilibrer foi et action. Mon but premier est d'infuser en vous la certitude que non seulement votre âme sœur existe, mais que cette personne désire vous rencontrer tout comme vous. Entre-temps, il y a beaucoup à faire avant cette rencontre et c'est pourquoi vous trouverez des exercices pratiques et des projets dans presque tous les chapitres.

Si vous lui aménagez une place, l'amour viendra jusqu'à vous. Même les associations les plus improbables sont possibles. Considérez, par exemple, l'histoire de Peggy, ma belle-mère. Après un mariage qui a duré 55 ans et 5 ans de veuvage, Peggy, qui avait à l'époque 80 ans, a formulé l'intention de se trouver un compagnon. En quelques mois, elle a rencontré John, un veuf qui avait lui aussi été marié pendant plus de 50 ans. Aujourd'hui, Peggy et John sont comme de jeunes tourtereaux qui redécouvrent avec joie les plaisirs du GRAND AMOUR à l'âge d'or. Que vous ayez 18 ans ou 88 ans, il n'est jamais trop tard pour rencontrer l'âme sœur.

QU'EST-CE QU'UNE ÂME SŒUR?

Le terme « âme sœur » peut ou non avoir un sens pour vous. Je vais donc prendre le temps de définir précisément ce que je veux dire quand je l'utilise. Une âme sœur est une personne avec qui vous partagez un lien profond et avec qui vous sentez que vous pouvez être vraiment vous-même. C'est quelqu'un que vous aimez inconditionnellement et qui vous aime inconditionnellement. Sans vouloir paraître trop sentimentale, je dirais qu'une âme sœur vous « complète ».

Dans le film *Si on dansait?* mettant en vedette Richard Gere et Susan Sarandon, il y a une scène magnifique dans laquelle le personnage de Sarandon donne les raisons pour lesquelles elle aime être mariée à son âme sœur. Elle dit : « Nous avons besoin d'un témoin de notre vie. Il y a un milliard de personnes sur la planète... je veux dire, que signifie vraiment la vie d'une personne? Mais dans un mariage, vous promettez de prendre soin de tout — les bonnes choses, les mauvaises, les pires, les affaires courantes — tout cela, tout le temps, chaque jour. Vous dites : "Ta vie ne passera pas inaperçue parce que je vais la remarquer. Ta vie ne sera pas sans témoin parce que je serai ton témoin."» Que vous croyiez ou non au concept de l'âme sœur, ce livre vous préparera à vivre le genre de GRAND AMOUR que ce personnage décrit.

NE VOUS CONTENTEZ PAS DE VOIR, *SENTEZ*

Durant mon propre processus de préparation en vue de rencontrer et de concrétiser mon partenaire parfait, j'ai créé une série de méthodes personnelles que j'ai appelées «conscientisations du sentiment». Certaines personnes les qualifieraient peut-être de visualisations, mais je pense que «conscientisations du sentiment» est un terme plus précis. Il ne suffit pas d'être capable de visualiser ; vous devez *sentir* dans chacune des cellules de votre être le résultat que vous désirez créer, afin de pouvoir commencer à l'attirer à vous. C'est le sentiment — et non l'image — qui possède le pouvoir d'attraction.

Par exemple, imaginez que vous voulez que se manifeste une voiture luxueuse et coûteuse sans toutefois savoir où vous trouverez les ressources. Vous pouvez visualiser chaque détail de cette voiture et passer des jours, des semaines ou des mois à vous voir au volant, *mais* si vous ne croyez pas vraiment mériter cette voiture ou si votre visualisation produit plus de sentiments d'anxiété que d'extase, cela ne se réalisera probablement pas. Il faut être capable de *sentir* ce que vous éprouverez en conduisant cette voiture, *savoir* dans chaque cellule de votre corps que vous la méritez tout à fait, et que d'une certaine manière elle vous appartient déjà. Voilà pourquoi j'appelle cette méthode la « conscientisation du sentiment ». Tandis que vous cultivez les sentiments que vous avez envie d'éprouver avec votre âme sœur et que vous commencez à vivre comme s'ils vous habitaient déjà, vous aurez automatiquement l'inspiration d'entreprendre des actions qui vous guideront vers sa rencontre. En fait, j'ai utilisé cette technique de conscientisation du sentiment pour aborder presque toutes les grandes décisions que j'ai eu à prendre dans ma vie.

Au début de ma carrière, je ne savais pas encore exactement ce que je voulais, mais j'étais toujours certaine de ce que je ressentirais une fois mes désirs comblés. Par exemple, quand j'ai déménagé à Los Angeles en 1984, je devais me trouver un emploi. Étant jeune et tout à fait nouvelle dans cette capitale mondiale du divertissement, je ne savais trop quel genre de travail chercher, mais je savais clairement que je voulais un emploi dans lequel je me sentirais satisfaite, créative et bien rémunérée. Je m'étendais donc deux fois par jour, les yeux fermés, et j'imaginais dans chaque partie de mon corps comment je me sentirais quand j'aurais un travail amusant, créatif, où je pourrais faire bon usage de mes compétences actuelles et qui me paierait bien. Après dix jours de pratique, j'ai déniché l'emploi parfait. J'ai aussi utilisé cette technique pour trouver un domicile, et non seulement

L'amour immature dit :

« Je t'aime parce que j'ai besoin de toi. »

L'amour accompli dit :

« J'ai besoin de toi parce que je t'aime. »

Erich Fromm

je me suis retrouvée avec un appartement superbe, mais aussi avec une colocataire qui insistait pour se charger de tout le ménage et de la cuisine !

Avant de rencontrer Brian, je m'adonnais à une conscientisation du sentiment rituelle : tous les jours au coucher du soleil, j'allumais quelques bougies, je faisais jouer mon CD favori de chant grégorien et je m'installais dans mon gros fauteuil confortable. Les yeux fermés, je m'absorbais dans la joie d'avoir une âme sœur dans la vie. Je ressentais ces merveilleux sentiments dans chaque partie de mon corps, consciente qu'en ce moment même il venait vers moi (il y a eu des jours où je me suis dit qu'il était *très en retard*, mais je laissais passer ces pensées et je me replongeais dans mon état de grâce et la certitude de son apparition).

La conscientisation du sentiment m'a apporté en plus le bénéfice de la détente qui, en retour, est bonne pour la santé. Vous pouvez lire ces phrases de conscientisation dans le calme du début de la journée ou avant de vous mettre au lit, ou si vous préférez, consultez mon site Web (http ://www.soulmatesecret.com/audio*) et téléchargez une version audio que vous écouterez chez vous.

---

* En anglais seulement

Pour profiter au maximum des conscientisations du sentiment, je vous suggère de :

✓ *Lire* ces phrases étendu ou assis dans un fauteuil confortable, dans une pièce où rien (personnes, animaux domestiques ou appareils électriques) ne pourra vous déranger.

✓ *Baisser* les stores et d'allumer une bougie ; s'il y a beaucoup de bruit à l'extérieur, portez des bouchons d'oreilles.

✓ *Décider* à quelle fréquence vous voulez les faire ; une fois par jour ou par semaine, à votre guise.

Finalement, si vous téléchargez les versions audio, veuillez DE GRÂCE ne pas les écouter en conduisant votre voiture. Elles doivent être écoutées à la maison, quand vous pouvez fermer les yeux et leur accorder toute votre attention.

Que vous attendiez votre âme sœur depuis plusieurs mois ou des années, vous trouverez dans ce livre les connaissances et les outils qui feront progresser votre rêve du GRAND AMOUR vers la réalité.

Allons-y !

Arielle Ford
La Jolla, Californie

CHAPITRE I

Croyance

...

Votre tâche n'est pas de chercher l'amour,
mais simplement de chercher et de trouver
toutes les barrières en vous
que vous avez construites contre lui.

Rumi

L'histoire de Stefanie :
Un cœur brisé qui ne croit plus

Je suis tombée follement amoureuse d'une personne que je croyais de tout cœur être « la bonne ». Nous avions été amis pendant 15 ans avant de former un couple et nous nous entendions comme larrons en foire. C'était un réalisateur ambitieux d'Hollywood ; nous étions bien assortis à tous points de vue et nous avions même commencé à chercher une maison et à parler de mariage. Puis, j'ai découvert qu'il avait une aventure. Le coup a été si dur que j'ai cru que mon cœur allait cesser de battre. Jamais je n'ai autant pleuré à cause d'une rupture ; je croyais vraiment qu'il était mon âme sœur. J'ai décrété sur le champ que tous les hommes intéressants étaient déjà pris ou du moins qu'ils ne vivaient pas dans ma ville — peut-être devais-je déménager ? J'avais peine à croire que je trouverais un jour quelqu'un qui verrait vraiment (et apprécierait) tous mes côtés : la femme de carrière sérieuse, la fille enjouée et tendre amoureuse. Bref, j'avais abandonné.

[Ne quittez pas… cette histoire a une fin très heureuse !]

• • •

L'histoire de Stefanie fait écho à ce qu'un grand nombre d'entre nous avons senti à un moment ou un autre de notre vie. Après quelques (ou de nombreuses) relations décevantes, il est si facile de se refermer, d'abandonner et de cesser de croire que la bonne personne pour nous existe. Notre cœur brûle de tomber en amour, mais notre esprit insiste que ce n'est pas possible et voilà que nous nous retrouvons tiraillés. Comme si une partie de nous criait : « Oui ! Je mérite une relation merveilleuse ! » tandis qu'une autre persistait à croire : « Jamais je ne la vivrai. » Quand nos croyances entrent en contradiction avec nos désirs, nous vivons un conflit intérieur qui en plus de nous paralyser, peut vraiment nous empêcher de voir les possibilités de connaître l'amour qui existent autour de nous.

La Loi universelle de l'Attraction stipule que nous attirons les personnes, les événements et les circonstances qui correspondent à notre état d'esprit. En d'autres termes, nous attirons les expériences qui sont compatibles avec nos croyances. Si nous croyons qu'il y a abondamment d'amour dans le monde et que nous méritons de donner et de recevoir cet amour, nous attirerons un type de relation différent de celui d'une personne qui pense qu'il y en a peu et qu'elle n'est pas digne d'être heureuse. Si nous voyons le monde comme un lieu bienveillant rempli d'amour, c'est ce que nous expérimenterons la plupart du temps. Si nous considérons que le monde est un lieu chaotique, stressant et redoutable, cela deviendra notre réalité. Ainsi, croire, savoir que notre âme sœur existe est une première étape importante dans la formule qui l'attirera dans votre vie.

Si vous n'avez pas la certitude à 100 pour cent que votre âme sœur existe, vous devez entreprendre de rassembler des preuves afin de faire naître cette croyance en vous. Lorsqu'au plus profond de votre être vous croyez que votre âme sœur existe, il n'y a pas de limite quant à la manière dont elle peut entrer dans votre vie. Mon amie Trudy, par exemple, cherchait le cantaloup parfait lorsqu'elle a rencontré son mari dans la section des fruits et légumes d'un marché. Patricia, une ancienne collègue, a littéralement été tirée du lit par sa meilleure amie qui l'a emmenée à une fête où elle a rencontré son futur mari au vestiaire. Et que dire de l'expérience de Gayle Seminara-Mandel, dont vous lirez l'histoire dans un autre chapitre? Le visage tout couvert de rougeurs après un facial et affublée d'un pantalon en molleton, elle s'est retrouvée en train de s'entraîner à côté de son futur mari sur la bicyclette stationnaire au gymnase, une veille du jour de l'An où elle était toute seule. Vous lirez aussi l'histoire de Sean Roach, qui se demandait s'il allait un jour trouver la femme idéale avec qui fonder une famille, dans l'avion qui le ramenait d'un séjour de trois semaines en Australie. Lorsqu'une dispute a éclaté dans l'allée, il s'est levé pour défendre l'agente de bord contre un passager grossier qui l'insultait et s'est retrouvé en train de plonger les yeux dans ceux de sa future épouse. Pensez-vous que l'anglais, David Brown, pouvait savoir qu'un jour il se réveillerait avec un numéro de téléphone dans la tête, qu'il enverrait un message texte à ce numéro et finirait par développer avec la propriétaire du téléphone une amitié qui bientôt se transformerait en amour?

En fait, il n'est pas nécessaire que vous sachiez comment ni où apparaîtra votre âme sœur. Votre unique tâche pour l'instant est d'entretenir la croyance qu'elle existe et qu'au moment opportun vous allez vous rencontrer.

Vous devez aussi commencer à défaire certaines croyances négatives sur vous-même que vous avez accumulées à votre insu au fil des années. Par exemple, au plus profond de vous, croyez-vous être digne d'être aimé? Si vous lisez ce livre, je suis certaine que oui. Pourquoi? Parce que les personnes dignes d'amour désirent toujours plus d'amour dans leur vie. Mais si vous croyez que vous ne méritez pas l'amour, vous devez commencer à remettre cette croyance en question. Je connais de nombreux célibataires (hommes et femmes) séduisants et qui ont du succès, mais qui ont des croyances très négatives et restrictives au sujet de l'âme sœur. Voici à quoi ressemblent leurs croyances :

Je suis trop vieux.

Je suis trop gros.

Je ne parais pas assez bien.

J'ai un bagage trop lourd.

Je n'ai pas assez de succès.

J'ai trop de succès.

Toutes les bonnes personnes sont déjà prises.

Toutes les personnes qui m'intéressent ne s'intéressent pas à moi.

Ce ne sont que des excuses toutes faites qui nous empêchent d'avancer. Quantité de preuves montrent que l'amour est accessible à tout le monde, peu importe l'âge, le poids, le revenu ou n'importe quel autre facteur qui selon nous nous limite. Quelles qu'aient été nos histoires personnelles sur le plan des relations, nous pouvons choisir d'adopter la croyance que tout ce que nous avons vécu a servi de préparation à la découverte du vrai amour.

Mon amie Linda Sivertsen, après avoir fait le deuil d'un mariage de 19 ans, à l'âge de 43 ans, est une preuve vivante que croire que l'amour que vous désirez existe est la première étape essentielle pour l'attirer dans votre vie.

L'histoire de Linda
La carte aux trésors prophétique

C'était le printemps et la relation entre mon mari et moi me paraissait à son meilleur. Était-ce le ciel bleu ou le passage du temps qui adoucissait mon homme au tempérament explosif ? Il ne semblait plus se mettre en colère aussi facilement et me chercher querelle aussi vite. Il ne criait plus, ne m'insultait plus et ne menaçait plus de partir au moindre désaccord — du moins, plus aussi souvent. J'ai lu quelque part que l'augmentation d'œstrogènes et la diminution de testostérones avaient un effet calmant sur les hommes qui prenaient de l'âge. Vive l'âge mûr ! S'il apporte l'harmonie, je suis prête à échanger les hauts et les bas des montagnes russes contre quelques rides.

Néanmoins, je me sentais triste d'avoir passé toute ma vie adulte à espérer connaître ce que c'était de vivre dans un partenariat sans toutes ces barrières émotionnelles et sans devoir constamment marcher sur des œufs. J'avais désiré me tenir face à mon bien-aimé, nos cœurs purs, ouverts, se gardant une place de choix l'un pour l'autre. Mais j'avais conclu que ce type d'amour vulnérable n'était pas prévu dans mon destin, m'expliquant que j'avais ce qu'on obtenait quand on épousait un inconnu, comme je l'avais fait, après seulement huit semaines de fréquentation. Comment aurais-je pu m'attendre à une vie sans heurts ? Et puis, une vie sans heurts était-elle vraiment possible ?

Malgré un nombre incalculable de périodes difficiles, nous nous étions fait une vie agréable. Il m'appelait sa meilleure amie et nous riions beaucoup ; nous avions beaucoup de choses en commun et nous adorions notre fils, ce qui me faisait mieux accepter notre manque de passion. Nos idées sur l'éducation variaient largement et étaient une source de bien des tourments pour nous deux, mais notre fils allait bientôt entrer au collège et nous aurions enfin le temps et les moyens de voyager et de nous découvrir l'un l'autre en dehors de notre rôle stressant de parents. Même si j'avais des doutes au sujet de notre potentiel, peut-être cette paix soudaine allait-elle rendre possible un certain rapprochement et une intimité? Peut-être pourrions-nous accéder au genre d'amour que dans mon cœur j'espérais possible entre deux personnes engagées l'une envers l'autre?

Toutefois, trois jours avant notre 19e anniversaire de mariage, j'ai découvert la source de la joie de mon mari. Il vivait une aventure avec une femme habitant un autre État du pays, mère de deux enfants, qui «avaient besoin» de lui et qui lui donnaient un coup de jeune. Ce lien lui a suffi pour me quitter et déménager à 2000 kilomètres de son foyer. En un seul instant, mes projets, mes rêves, notre potentiel, ont disparu. C'est ainsi qu'il a accouru vers son brillant avenir prometteur, tandis que je restais en position fœtale à pleurer la perte de ma famille (et peut-être de mon foyer), tentant de respecter les échéances les plus difficiles de toute ma vie, alors que je ne dormais presque plus depuis des mois. La partie la plus effrayante? Essayer de soutenir mon adolescent qui avait l'impression qu'un accident nucléaire venait de se produire dans notre salon.

Pleurer est devenue une pratique quotidienne. La perte de mes deux parents durant la décennie précédente m'avait enseigné à le faire. Les voisins me voyaient en train de promener mes chiens, le visage couvert de larmes. Je savais que la douleur n'allait qu'empirer avec le temps si je ne veillais pas à me débarrasser des aspects sombres et vilains que je portais dans mon cœur. Je criais dans des oreillers et je pleurais si fort que j'avais à peine l'énergie de me relever et de me tenir debout. Je savais que si je n'arrivais pas à éliminer cet homme, sa trahison, et notre vie perdue de toutes les fibres de mon être, je me retrouverais handicapée sur le plan émotionnel — avec pour ainsi dire plus d'estime de moi-même — et risquant de me sentir blasée envers les hommes, l'amour et l'institution même du mariage dans laquelle je croyais si fort.

Cependant, en quatre ou cinq mois, j'ai fait une autre prise de conscience. Mon ex m'avait libérée. Il m'avait fait une faveur parce que le GRAND AMOUR m'attendait quelque part — celui que j'avais toujours espéré vivre. Je pouvais le sentir, et je me suis mise à rendre grâce à la femme qui avait pris l'affection de mon ex afin que je puisse être libre. Ma sœur disait à la blague que nous devions lui envoyer des fleurs, parce que la paix que je commençais à ressentir dépassait largement toutes les joies éprouvées durant mon mariage.

Même si je commençais à beaucoup apprécier la tranquillité de ma solitude, je sentais que mon âme sœur était tout près et serait un ajout bienvenu au bonheur que je vivais déjà. Je savais qu'elle comblerait des besoins en moi qui n'avaient jamais été comblés durant mon mariage (tout comme, j'en suis sûre, la partenaire de mon ex-mari devait en combler chez lui). J'ai confié à ma thérapeute que je sentais qu'une personne très spéciale était en route, mais que je n'étais pas encore prête : j'avais besoin de plus de temps pour guérir. Mais elle m'a répondu que j'avais plein d'amour à donner, que j'étais prête depuis longtemps — peut-être même depuis des années. Des amis m'avaient dit que je devais attendre un an avant de fréquenter quelqu'un sérieusement, mais les paroles de ma thérapeute ont renforcé ce que je savais déjà intérieurement. J'ai arrêté de me soucier de l'opinion des autres. Je n'avais pas envie de perdre des mois ou des années à me protéger parce qu'une autre personne croyait que c'était ainsi que je devais me remettre de cette perte. Si le GRAND AMOUR approchait, je n'allais pas laisser quiconque empêcher mon âme sœur d'entrer dans mon monde. J'allais faire le ménage dans ma vie et faire de la place pour qu'il puisse venir se blottir dans le confort de ce que je savais être encore capable d'offrir.

Je me suis inscrite à un centre sportif. J'ai décidé de sortir avec mes amies. Je me suis manifestée. J'ai commencé à sortir avec des hommes sans attentes sérieuses. J'étais loin d'être prête à vivre une relation intime sur le plan physique, à part quelques petits baisers, et je n'ai ramené personne chez moi pour faire la connaissance de mon fils. C'était surtout léger et facile, des amitiés joviales avec des hommes qui m'ont aidée à me rappeler comment flirter et m'ouvrir. Mais sous la désinvolture et la futilité qui semblait parfois ridicule (après tout, je flirtais, non ?), je cherchais le bon partenaire avec une ferme intention. Je l'imaginais se tenant derrière moi, m'enlaçant dans ses bras et m'embrassant la nuque. Je le sentais comme s'il avait été là en chair et en os. Chaque jour, il était toujours plus près de moi — je n'en doutais pas — ce qui rendait un peu difficile de ne pas devenir obsédée par la façon dont je le reconnaîtrais quand il se présenterait. J'ai donc décidé d'être proactive.

Le lendemain, ma chère amie Arielle Ford et son mari, Brian (les deux ayant fait partie de « l'équipe Linda » après ma séparation, me faisant parvenir de la musique inspirante et me téléphonant régulièrement pour m'encourager), m'ont envoyé la trousse « âme sœur », accompagnée de détails sur la façon de réaliser la carte aux trésors la plus efficace pour attirer l'âme sœur. J'avais très hâte de commencer, de clarifier davantage l'image de sa présence dans ma vie.

Quelques années auparavant, j'avais fait plusieurs cartes semblables, dont une pour une maison que je voulais concrétiser (et qui s'est manifestée de façon très ressemblante) et une autre pour ma carrière d'écrivaine (qui a aussi eu des résultants frappants). En fait, je m'étais quelque peu emballée à l'époque avec les ciseaux et j'avais découpé tellement de mots et d'images que j'en avais gardé des centaines dans une boîte en vue d'une expérience future. Il fallait que je trouve cette boîte ! Bien sûr, elle était rangée dans le fond d'un placard.

J'ai peint une toile en rouge et j'ai passé des heures à feuilleter des magazines et à fouiller dans mes vieux découpages pour dénicher les plus parfaits. Je voulais faire de cette carte une œuvre d'art — simple et belle — qui ne contiendrait que les mots et les images évoquant les sentiments que je souhaitais créer, par exemple des mots comme « béatitude », « authentique », « responsable », « l'homme à son meilleur », « de belle apparence », « meilleur endroit dans l'Univers » (en référence à nos quatre pieds dépassant des couvertures au bout du lit) et « les grands esprits se rencontrent ».

Puis j'ai découvert quelque chose d'étrange dans la boîte : un grand découpage d'un nom — CHRIS — en écriture blanche sur fond bleu. C'était bizarre. Comment ce nom s'était-il retrouvé là ? J'étais certaine de n'avoir jamais découpé de nom autre que le mien et celui de mon mari. Hum. Cela me paraissait fou parce que la semaine précédente, je venais tout juste de vivre un rendez-vous étonnant avec un dénommé Chris. Mais il était très occupé à faire une transition dans son travail et nous n'avions pas encore fixé un autre rendez-vous.

> Une âme sœur est une personne à qui nous nous sentons profondément liés, comme si la communication et la communion entre nous n'étaient pas le produit d'efforts intentionnels mais plutôt une grâce divine. Ce type de relation est si important pour l'âme que bien des personnes ont affirmé que rien n'était plus précieux dans la vie.
>
> *Thomas Moore*

J'espérais qu'il téléphone, mais je m'étais tranquillement résignée à l'idée qu'il ne le ferait peut-être pas. Était-ce un signe? Mon Dieu, je le souhaitais. J'étais vraiment plus attirée à lui qu'à n'importe lequel des autres hommes que j'avais fréquentés (ou, à vrai dire, à tout le monde que j'avais rencontré ou croisé durant mes 19 années de mariage).

Le fait que j'avais découpé le nom de Chris plusieurs années auparavant m'a turlupinée pendant quelques heures. Et il n'était pas petit — bien plus gros que la plupart des autres découpages. (Je portais aussi une médaille de saint Christophe au cou depuis un an — un présent que je m'étais acheté avant le départ de mon mari — ce qui accroissait encore davantage le bon augure du découpage CHRIS.) Finalement, la seule explication qui m'est venue à l'esprit, c'est que j'avais dû voir dans un magazine le mot «Jésus-Christ» que j'avais découpé pour ma meilleure amie Diane qui est mariée à un Chris, dans l'éventualité où je déciderais de lui fabriquer une carte aux trésors. Toutefois, je ne lui en avais jamais fait une, jamais je n'avais planifié de lui en faire une, et je doutais de lui en faire une un jour.

Pendant plusieurs jours, j'ai travaillé sur la carte aux trésors de mon âme sœur dans ma cuisine, la peaufinant jusqu'à ce qu'elle me semble complètement «prête». Un mardi après-midi, je l'ai apportée à l'étage dans ma chambre à coucher; j'ai fixé un clou au mur et suspendu ma création face à mon lit. J'ai récité une courte prière pour qu'elle m'amène l'homme idéal, tout en touchant chaque image, aussitôt oubliée, m'efforçant de faire confiance à la magie inhérente à ma carte.

Le soir même Chris a téléphoné, m'annonçant qu'il avait eu une journée de travail stressante qui lui avait donné une forte migraine et qu'il s'apprêtait à faire une ballade en voiture. Je lui ai proposé de venir chez moi, sans penser qu'il était déjà tard et que j'habitais à 40 minutes de chez lui, ni à la «règle» qui stipule qu'un homme doit appeler à l'avance pour obtenir un rendez-vous en bonne et due forme. *Oublie les règles!* ai-je pensé. *J'ai 43 ans et je meurs d'envie de revoir cet homme.*

Chris est venu ; je lui ai offert des restants à manger et ce soir-là, nous nous sommes si bien entendus que nous sommes pratiquement inséparables depuis. Mon bel homme et moi sommes maintenant très amoureux. Mon divorce sera finalisé dans quelques semaines et nous parlons souvent de vivre ensemble. Lorsqu'il a vu ma carte aux trésors la première fois, elle a semblé l'hypnotiser et il a contemplé les images une à une. Quelques semaines plus tard, alors qu'il regardait à nouveau la carte, malgré une certaine nervosité, je lui ai raconté l'histoire à propos de son nom dans la boîte. Il m'a demandé pourquoi je ne l'avais pas mis sur la carte. Je lui ai répondu en riant que j'estimais que c'était franchir une étape importante. Le lendemain, je lui ai montré le découpage de son nom en lui demandant où il voulait que je le place. Il a observé ma carte aux trésors et m'a dit de le mettre dans la partie que j'avais réservée au mariage. Je l'ai regardé pour m'assurer qu'il ne blaguait pas, mais il souriait et m'a répété de le coller là. C'est ce que j'ai fait. Avec joie !

Le temps dira si Chris et moi allons effectivement nous marier et finir nos jours ensemble. Je ne peux imaginer le contraire. Il représente tout ce que j'ai demandé dans ma carte, et plus encore. Mais ne soyons pas idiots, selon moi, le but n'est pas d'être ensemble pour toujours. Après tout, j'ai épousé mon mari en pensant que nous serions des partenaires pour la vie, comme dans *ensemble jusqu'à ce que la mort nous sépare (ou plus longtemps),* mais la vie est longue et les gens changent et évoluent. Cependant, le plaisir, la passion et la douceur dont Chris alimente déjà ma vie me paraissent si profonds et si intensément bénéfiques que j'ai l'impression qu'il m'a aidée à effacer un monde de douleur. De plus, son amour m'a donné suffisamment d'assurance pour établir une bonne communication avec mon ex, à la fois pour le bénéfice de notre fils et pour honorer les bonnes choses que nous avons partagées pendant tant d'années.

Tout comme les images et les mots de ma carte, Chris me regarde et je me sens aimée, adorée, admirée et intensément désirée. En lui offrant un amour et une admiration semblables, je me sens entière et j'ai l'impression de vivre un partenariat comme jamais auparavant. Quand je travaille dans la cuisine ou que je me brosse les dents, souvent il arrive derrière moi, m'enlace et embrasse ma nuque. Pour moi, il n'y a rien de plus merveilleux.

• • •

Après la fin malheureuse de son mariage, Linda aurait pu se laisser gouvernée par sa vieille croyance que « trouver l'amour véritable n'était pas prévu dans son destin ». Elle a plutôt choisi de croire que les « malheurs » arrivaient pour de bonnes raisons — généralement pour faire de la place aux bonnes choses qui s'en viennent. J'ai élaboré la conscientisation du sentiment suivante pour vous amener à délaisser vos vieilles croyances restrictives sur vous-même, les autres et le monde, qui peuvent vous empêcher d'attirer l'amour que vous désirez. N'oubliez pas, vous pouvez les lire ou télécharger la version audio à http ://www.soulmatesecret.com/audio et les écouter les yeux fermés.

Conscientisation du sentiment
Éliminer les vieilles croyances

Pour commencer, prenez le temps de vous rappeler vos pires rencontres sentimentales — les personnes qui vraiment n'étaient pas aimables et affectueuses, celles que vous souhaitez oublier, celles qui vous ont le plus blessé, celles qui ont trahi votre confiance, celles qui ont amené votre cœur à se refermer.

Imaginez maintenant que ces anciennes fréquentations se tiennent toutes devant vous. Ressentez la souffrance qu'elles vous ont fait subir par le passé.

Réfléchissez un instant à ce que vous deviez croire à propos de vous-même pour tolérer ce genre de comportement. Croyiez-vous ne pas mériter mieux? Que vous n'aviez pas le droit d'exiger davantage? Que vous n'étiez pas aimable?

Maintenant, respirez profondément et posez-vous cette question : « Est-ce que je veux me débarrasser de ces vieilles croyances? » Remarquez bien votre réponse et si vous êtes vraiment prêt à vous en départir, imaginez que vous rassemblez tous ces vieux sentiments pénibles, croyances et limites du passé et que vous les projetez sur vos anciennes fréquentations qui se trouvent toujours devant vous. Voyez-vous tout simplement en train de rejeter ces vieux sentiments douloureux sur ces dernières. Prenez conscience de ce que vous ressentez.

Imaginez maintenant que vous avez en main une bombe aérosol que vous dirigez vers ces gens. Dans un instant, vous allez appuyer sur le bouton-pression et vaporiser le contenu. Toutes ces personnes et tous ces souvenirs pénibles se retrouveront alors agglutinés à l'intérieur d'une grosse bulle en latex.

Prenez le temps de savourer votre geste par lequel ces expériences, ces croyances et ces souvenirs négatifs se figent tous ensemble dans une bulle. Ils sont dorénavant distincts de vous, en dehors de vous. Respirez profondément et goûtez votre liberté.

Imaginez maintenant que vous tenez dans votre main gauche une grosse aiguille pointue. Peut-être qu'un sourire s'est déjà esquissé sur votre visage en pensant à ce que je m'apprête à vous demander de faire. C'est bien ça, quand vous serez prêt, perforez la bulle en latex avec l'aiguille tout en l'observant qui explose et disparaît dans l'air.

Ces personnes ont désormais disparu de votre conscience… et avec elles les expériences, les croyances et les sentiments douloureux du passé. Voyez comment vous vous sentez maintenant que vous ne portez plus le fardeau de votre passé. Ressentez la liberté, les possibilités nouvelles, le soulagement.

Respirez profondément et remarquez ce qui émerge quand je vous demande :

Que devez-vous croire à propos de vous pour attirer votre âme sœur dans votre vie ?

Devez-vous croire et savoir que vous méritez l'amour ? Que vous en êtes digne ? Que vous êtes un parti fabuleux ?

Croyez et sachez au fond de votre cœur que « la bonne personne » existe pour vous, que vous méritez que vos désirs soient satisfaits, que vous méritez de donner et de recevoir de l'amour.

Et si vous n'en avez pas la certitude aujourd'hui, voyez si vous êtes capable, en ce moment, de croire que « la bonne personne » se rapproche de vous et que cette certitude grandit chaque jour.

• • •

Prenez le temps de penser à toutes les qualités que vous avez à offrir et, si vous avez oublié ce qu'elles sont, je vous le rappelle : c'est l'amour que vous donnez et partagez, la gentillesse et la chaleur que vous dégagez — sans compter tous vos autres talents.

Vous êtes née pour être aimée, chérie et adorée.

Vous êtes né pour être aimé, chéri et adoré.

Répétez cette phrase sept fois pour qu'elle s'imprègne profondément dans votre cœur.

En bout de ligne, il ne vous appartient pas de savoir COMMENT votre âme sœur se manifestera. Votre unique tâche consiste à vous préparer et à vous ouvrir en vue de recevoir son amour. Vous ne savez pas vraiment d'où viennent l'eau et l'air, mais vous croyez fermement qu'ils sont là pour vous. En tant qu'être humain, vous savez que l'eau et l'air font partie de votre héritage divin. Peu importent les erreurs que vous avez commises dans le passé, chaque jour vous aurez accès à l'air et à l'eau. Il en est de même pour l'amour. Il est là pour vous. Il a toujours été là pour vous. Vous n'avez qu'à vous rappeler que vous êtes amour. Quand vous le faites, l'Univers vous en envoie davantage. Autrement dit, vous n'avez rien à faire, mais vous devez adopter une manière d'*être*. Soyez la personne aimante que vous êtes ; vivez dans la certitude que vous méritez de connaître une relation amoureuse engagée et savourez l'attente de l'être aimé.

Croire que votre âme sœur existe, que vous la méritez, que l'Univers orchestre habilement votre rencontre, est le fondement de la mise en application de la prochaine partie de la formule — générer une vision de vous-même et de votre vie où ces croyances sont votre réalité quotidienne.

UNE CARTE AUX TRÉSORS POUR L'AMOUR

La carte aux trésors est un outil de manifestation puissant, car elle vous amène à clarifier à la fois intuitivement et objectivement ce que votre cœur désire ardemment connaître. La carte aux trésors est un rappel visuel de la vie que vous vous engagez à créer. Je fabrique des cartes aux trésors depuis des années et c'est fascinant de constater le nombre d'images et d'idées que j'avais incluses et qui se sont réalisées dans ma vie. Une fois, après que Brian et moi avons réalisé qu'il nous faudrait déménager dans neuf mois, j'ai fait une carte aux trésors qui intégrait une image d'une chambre à coucher avec vue sur l'océan que nous trouvions particulièrement attrayante. Dans la toute première maison que nous avons visitée, la chambre des maîtres offrait cette même vue, en plus d'une moquette et des boiseries identiques. C'était exactement ce que nous avions imaginé. Voilà le pouvoir de la carte aux trésors.

Vous pouvez créer une carte aux trésors entièrement centrée sur votre âme sœur ou la diviser en quatre domaines de votre vie :

1. l'amour et les relations

2. la santé et la bonne forme physique

3. la vie professionnelle et l'argent

4. l'épanouissement émotionnel et spirituel

Pour créer votre carte aux trésors, vous aurez besoin :

- d'un carton ou un tableau d'affiche grand format

- de vos magazines favoris qui reflètent vos goûts et vos intérêts particuliers

- d'un bâton de colle et une paire de ciseaux

- de plusieurs heures à consacrer à ce projet

Feuilletez les magazines et découpez des images, des mots et des photographies qui vous plaisent. Essayez de ne pas trop penser aux images et aux mots que vous choisissez, mais faites plutôt confiance à votre instinct. Assurez-vous d'inclure au moins une image ou une photo d'un couple amoureux — ce peut être simplement deux personnes marchant sur la plage main dans la main. Lorsque vous faites votre choix d'images, cherchez à évoquer un sentiment plutôt qu'un modèle en particulier. Les images qui représentent l'amour, une relation amoureuse, l'engagement et la joie conviennent toutes. Si vous désirez épouser votre âme sœur, ajoutez des bagues de fiançailles, des anneaux nuptiaux, des gâteaux de noces ou tout ce qui symbolise le mariage et l'engagement. Vous devriez aussi inclure une photo de vous où vous avez l'air heureux et entourer cette image de mots qui expriment vos croyances positives sur la découverte de l'amour. Vous voulez certainement que votre carte aux trésors soit une affirmation que votre partenaire idéal vous aime, vous chérit et vous adore.

J'ai entendu tellement d'histoires formidables à propos de relations qui se sont développées après que des personnes aient eu recours à la méthode de la carte aux trésors. En surface, cela semble miraculeux ou incroyable, mais maintenant je comprends que la carte aux trésors vous aide simplement à révéler les qualités qui sont importantes pour vous chez un ou une partenaire et dont vous n'aviez peut-être pas conscience. En regardant votre carte tous les jours, vous vous souvenez de vos valeurs profondes et vous devenez plus apte à les remarquer, alors qu'auparavant, vous auriez pu ne pas les voir. Mon ami Ken Foster a obtenu beaucoup de succès avec cette méthode.

L'histoire de Ken
Créer une carte de l'amour

Il y a longtemps, j'étais dans une relation qui, vue de l'extérieur, semblait bien aller. Tous nos amis trouvaient que nous étions parfaits ensemble, mais en vérité il y avait beaucoup de solitude et de souffrance dans cette relation. Plutôt que de soutenir notre évolution mutuelle, nous semblions nous nourrir de la faiblesse de l'autre et nous vivions de gros drames presque quotidiennement. Je savais que je méritais une relation formidable qui nourrirait mon âme et rajeunirait mon esprit, mais pour l'instant je me sentais coincé et déprimé. J'avais envie de partir, mais je ne voulais pas fuir pour me retrouver dans une autre relation décevante. Je voulais aller vers une relation formidable.

C'est à cette époque que j'ai commencé à travailler avec une conseillère qui m'a assuré que je pouvais obtenir tout ce que je voulais dans la vie en apprenant à utiliser le pouvoir de mon esprit. D'après elle, si je voulais vivre une relation formidable, il fallait que je modifie certaines de mes conceptions de base sur le fonctionnement de l'Univers. Elle a dit que tout ce que j'imaginais dans mon esprit se manifestait à l'extérieur, à cause de quelque chose appelé Loi de l'Attraction. Ma tâche a été de clarifier le genre de relation que je voulais exactement, puis de croire qu'elle allait se réaliser. J'étais quelque peu sceptique, mais j'étais aussi prêt pour un changement ; j'ai donc décidé de faire un essai.

J'ai constitué un tableau de rêves qui me servirait de rappel visuel de ce que je souhaitais réaliser — et bien sûr je désirais voir se manifester la femme qui un jour serait mon épouse. En feuilletant un magazine, j'ai été frappé par l'image d'une brunette qui se relaxait dans une nature tropicale, la tête inclinée vers l'arrière, tandis qu'une eau bleu pacifique coulait au-dessus d'elle. Ses yeux étaient mi-clos et dans son demi-sourire je pouvais déceler un air d'extase. En regardant cette photo, j'ai eu l'impression d'avoir un aperçu de ma vraie âme sœur. Je savais qu'elle serait belle, profondément spirituelle, en bonne santé, affectueuse, gentille, aimante et loyale.

Après avoir créé mon tableau de rêves, je savais clairement quels seraient les qualités et les comportements non négociables de ma prochaine partenaire. Toutefois, j'ignorais encore ce que je devais intégrer en moi pour qu'apparaisse mon âme sœur. Un jour que je méditais sur mon tableau de rêves, j'ai entendu une petite voix douce en moi qui disait : « *Vis dans la certitude* ». Au début, j'ignorais ce que cela signifiait, mais j'ai compris peu à peu. J'entretenais tellement de doutes dans ma vie : je doutais que j'allais attirer la bonne partenaire ; je doutais de ma compétence comme pourvoyeur ; je doutais de ma voie spirituelle ; je doutais de ma capacité à rester marié ; je doutais de l'efficacité de mon tableau de rêves. J'avais tellement de doutes, mais un jour j'ai soudain pris conscience que c'était précisément ce qui m'empêchait d'avancer. La femme que j'étais destiné à attirer ne cadrait pas parmi tous ces doutes que j'avais laissés se déchaîner dans mon esprit.

À cet instant, j'ai résolu d'arrêter de vivre dans le doute. J'ai consciemment et délibérément renouvelé ma foi de toutes les manières possibles. Je me suis concentré sur mes forces et me suis efforcé du mieux que je le pouvais de vivre dans la certitude, suivant mes élans intérieurs et leur faisant confiance.

Une semaine après avoir pris cette décision, j'ai enfin vu Judy. Je dis que je l'ai enfin vue parce qu'en fait nous nous étions déjà rencontrés quelques années plus tôt à un déjeuner donné par Nouvelle Vision, où m'avait emmené ma conseillère ! Nous étions devenus amis au fil des ans, mais mes yeux étaient tellement embrouillés par le doute et l'incertitude que je ne voyais pas qui elle était en réalité.

Après seulement un mois de fréquentation, j'ai demandé à Judy de m'épouser. Nous avons passé notre lune de miel à l'île Kauai et, un jour que nous nagions ensemble dans une piscine tropicale, j'ai remarqué une formation rocheuse particulière à travers laquelle coulait une eau bleu-vert. J'ai demandé à Judy de s'incliner vers l'arrière sous la cascade pour que je prenne une photo. Et j'ai capté un peu de la magie de l'Univers. Quand nous avons reçu les photos, je suis resté interloqué. La photo que j'avais prise ce jour-là était identique à celle de mon tableau de rêves : la brunette aux longs cheveux en maillot de bain, caressée par une chute d'eau, affichant un air d'extase qui m'avait tant captivé. Mais cette fois ce n'était pas un rêve : c'était ma femme. Aujourd'hui nous vivons ce que la plupart des gens considéreraient comme une vie de rêve à San Diego, en Californie. Nous sommes mariés depuis neuf ans et la vie est toujours de plus en plus belle.

• • •

Une fois créée votre carte aux trésors, je vous suggère de la placer là où vous pourrez la voir chaque jour. Cependant, rangez-la sous le lit ou dans un placard quand vous avez des visiteurs. Vous n'avez pas besoin que les opinions ou l'énergie d'autrui soient projetées sur vos rêves et vos engagements. Votre carte aux trésors n'appartient qu'à vous seul. J'aime bien installer ma carte aux trésors tel un autel, avec des bougies, des fleurs fraîches et des images spirituelles à proximité pour la bénir. Vous pouvez aussi la mettre dans le coin « Relations » de votre chambre à coucher (plus de détails au chapitre 3), en guise de rappel de tout ce que vous avez à offrir et de tout ce que vous êtes prêt à recevoir.

N'oubliez pas, ce que vous tenez pour vrai à propos de vous-même au plus profond de votre cœur et de votre esprit, voilà ce que les circonstances extérieures vous refléteront. C'est une excellente nouvelle! Parce que peut-être avez-vous entretenu l'idée que vous avez juste assez de talent pour attirer un certain montant d'argent ou que vous êtes juste assez organisé pour accomplir un certain nombre de tâches quotidiennes, mais virtuellement il n'existe aucune limite ni aucun baromètre pour mesurer votre valeur intrinsèque. Vous êtes naturellement chérissable et dès que vous le croyez de tout votre cœur et votre esprit, vous en verrez des preuves tout autour de vous. Il est maintenant temps de vous percevoir comme vous voulez que votre âme sœur vous voie et de vous traiter comme vous voulez qu'il ou elle vous traite. Si vous souhaitez vivre le vrai amour, c'est que vous en êtes capable.

CHAPITRE 2

Réceptivité

. . .

J'ai découvert que si on aime la vie,
la vie nous aimera en retour.

Arthur Rubinstein

Durant le processus de préparation à la venue de mon âme sœur, j'ai rencontré Jeremiah Abrams, un psychothérapeute disciple de Jung, fondateur de l'institut Mount Vision en Californie. Jeremiah m'a délicatement amenée à voir des aspects de moi-même que je ne voulais pas admettre auparavant — dont les défenses que j'utilisais inconsciemment pour tenir l'amour au loin. L'un des moyens les plus précieux par lequel il m'a soutenue dans ma préparation à la rencontre de mon âme sœur a été simplement de maintenir l'espace pour que se manifeste ma relation parfaite. Il me disait verbalement et tacitement : « Je crois tellement en votre rêve de rencontrer votre âme sœur que je vais aussi en faire mon rêve. » Ensemble nous avons entretenu une vision de moi, prête à tous les points de vue à rencontrer mon âme sœur et tout le travail que nous accomplissions était dirigé vers ce but. Une déclaration claire comme quoi vous avez la volonté de vous préparer sur tous les plans à attirer votre partenaire de vie renferme un grand pouvoir.

Pensez à votre préparation en termes pratiques. Si votre objectif est d'aller vivre dans une autre ville, il vous faudra sans doute des mois ou même des années de préparation avant d'être réellement prêt à faire le grand pas. Vous devez envisager à quel endroit vous voulez travailler et habiter et le mode de vie que vous souhaitez adopter. Vous aurez certainement envie de faire le ménage de vos tiroirs, de vos placards et de vos dossiers afin de recommencer votre vie à neuf. Les mêmes principes s'appliquent quand vous vous préparez à rencontrer votre âme sœur. Il est impératif de créer un espace émotionnel, physique et psychologique et de planifier activement son arrivée imminente. La nature abhorre le vide. Cela signifie que plus vous dégagerez rapidement et complètement le vieux, plus vite et facilement vous attirerez le nouveau.

Tout comme un jardinier prépare la terre avant de semer de nouvelles graines, nous devons désherber le jardin de notre cœur, de notre corps et de notre esprit avant d'être en mesure de recevoir un nouvel amour. Même si vous avez la conviction d'être prêt — et peut-être même l'êtes-vous depuis des années — je vous suggère de bien vérifier qu'il n'y ait pas de domaines de votre vie où vous ne bloquez, ne déviez ou n'empêchez ce que vous désirez le plus. Le but de ce chapitre est de vous aider à repérer ces domaines afin de pouvoir doucement et progressivement les élaguer en vue de la rencontre de l'être aimé. Lorsque vous répondrez aux questions suivantes, je vous encourage à réfléchir honnêtement et à poser les gestes nécessaires à votre progression dans votre quête.

1.   Est-ce que j'éprouve encore de l'amour pour quelqu'un ?
Si vous répondez oui à cette question, réfléchissez à ceci : si vous savez que cette personne n'est pas votre âme

sœur et qu'il n'y a aucune possibilité pour vous de vivre une vraie relation aimante et engagée avec elle, êtes-vous prêt à vous accorder tout le temps nécessaire pour la laisser aller ? Je ne crois pas que vous deviez cesser de l'aimer, mais je pense que vous devez allouer un nouvel endroit dans votre cœur pour l'amour que vous avez partagé ensemble. Quand je visualise mon propre cœur, je le perçois comme un grand espace sacré, aimant et élastique blotti dans ma poitrine et qui s'agrandit pour englober tout ce qui existe dans l'Univers. Il y a une place dans mon cœur pour les personnes que j'aime et avec qui je suis en relation présentement, de même qu'il y a une place dans mon cœur pour les personnes que j'ai aimées, mais envers qui je ne suis plus engagée et vers qui mon attention n'est plus dirigée.

Il y a aussi une place dans votre cœur où vous pouvez aimer les personnes ayant déjà fait partie de votre vie, sans perdre un temps précieux à les désirer encore. Bien souvent, on se fait dire de les « oublier » quand en réalité ce n'est pas possible. Selon moi, une grande part de souffrance provient du fait que nous résistons aux sentiments véritables que nous ressentons envers les personnes que nous avons aimées. Permettez-vous de les aimer, toutefois sans vous laisser consumer par la pensée que vous êtes avec elles.

À mesure qu'émergent les pensées d'un amour ancien, laissez-les s'exprimer, puis rangez-les douce-ment dans le petit coin spécial de votre cœur. Reportez ensuite votre attention sur le moment présent. Si vous constatez que vous devenez obsédé, que vous souhaitez, espérez et fantasmez sur ce que vous ne pouvez avoir (ou ce qui n'est pas dans votre meilleur intérêt), il devient essentiel alors de gérer vos émotions. Bon nombre de thérapies et de méthodes peuvent vous être utiles, dont l'intégration neuro-émotionnelle par les mouvements oculaires (EMDR), l'hypnose, la méthode Sedona, qui toutes soutiennent les gens dans le processus de deuil et de guérison. Si vous en avez besoin, acceptez de consacrer du temps et de l'argent pour obtenir une aide professionnelle. J'ai moi-même passé par bien des thérapies et des ateliers qui m'ont tous incroyablement bien servie. Ce n'est pas grave si vous travaillez sur le même problème depuis 20 ans. Sachez que chaque fois que vous venez à bout d'un problème qui maintenait votre cœur fermé, vous libérez de l'énergie refoulée et dégagez un espace précieux dans votre vie.

2. *Y a-t-il quelqu'un contre qui je suis encore en colère, envers qui je me sens trahi, à qui je n'ai pas pardonné ?*

Vous ne vous en rendez peut-être pas compte, mais le ressentiment vous lie aussi fortement que le désir à une personne. Ce sont deux formes d'attachement qui vous retiennent dans le passé et vous empêchent de vous concentrer clairement sur le moment présent. Avant de pouvoir accueillir un nouvel amour dans votre vie, vous devez relâcher toutes les vieilles blessures et contrariétés que vous conservez en vous. L'exercice suivant est très libérateur.

Vous aurez besoin de :

- quelques feuilles de papier et d'un crayon

- une chaise confortable

- 15 à 30 minutes de temps sans interruption

L'amour d'un être humain pour un autre, c'est peut-être l'épreuve la plus difficile pour chacun de nous, c'est le plus haut témoignage de nous-mêmes ; l'œuvre suprême dont toutes les autres ne sont que les préparations.

Rainer Maria Rilke

Pour commencer, dressez la liste de vos anciennes fréquentations avec qui vous pensez que la relation n'a pas été conclue ou envers qui vous entretenez encore de la rancune.

Écrivez à chacune de ces personnes une lettre qui exprime en détail tout ce qui vous met encore en colère et que vous auriez souhaité vivre différemment. Il est plus que probable que vous n'envoyiez jamais ces lettres, alors laissez-vous aller à fond. Voyez s'il vous est possible d'obtenir — de ces dernières ou de vous-même — ce qu'il vous faut afin de résoudre chaque situation. Une fois cette étape terminée, vous devriez vous sentir assez calme pour discerner le rôle que vous avez aussi joué dans la rupture de ces relations et pour demander pardon de tout ce que vous avez pu faire de regrettable.

Rédigez maintenant une seconde lettre, cette fois de la part de vos anciennes fréquentations à vous-même, mais *de leur perspective.* Cela n'est pas aussi difficile qu'il paraît. Choisissez un endroit où ces personnes s'assoyaient chez vous (si possible), puis en les imaginant là devant vous, approchez-vous peu à peu jusqu'à vous retrouver vous-même assis à cette place. Vous voyez ce qu'elles voient et sentez ce qu'elles ont dû sentir. Imaginez-les en train d'écrire leur version de leur relation avec vous. Après avoir écrit ces lettres, lisez-les à haute voix avec l'intention de laisser toute animosité ou tout ressentiment se détacher de vous.

Vous aurez l'occasion d'explorer plus en profondeur ce processus de libération du passé au chapitre 6. Cependant, cet exercice en soi devrait vous donner une impression de légèreté accrue et d'un espace plus grand dans votre cœur.

3. *Y a-t-il de la place pour une autre personne dans ma vie ?* Soyez honnête : avez-vous vraiment du temps et de l'énergie à consacrer présentement à une relation amoureuse profonde et engagée ? Si vous n'avez pas le temps actuellement, quand en aurez-vous ? Si vous n'arrivez pas à répondre, essayez l'exercice suivant. Fermez les yeux durant une minute et imaginez que vous êtes installé dans un cinéma devant un grand écran noir. Assis dans cette salle sombre, demandez au sage en vous de projeter en grosses lettres rouges sur l'écran devant vous le mois et l'année où vous serez prêt. Si la réponse s'affiche,

merveilleux. Sinon, je vous encourage à passer quelque temps à examiner ce sujet davantage afin de repérer les relations, les engagements ou les projets dont vous devrez vous occuper avant de vous sentir prêt. Peut-être découvrirez-vous, comme mon amie Marci Shimoff, que vous devez réaliser de grands projets importants avant d'être vraiment prêt à rencontrer votre âme sœur.

L'histoire de Marci
Il est votre destin

Aussi loin que je me souvienne, j'ai toujours rêvé de vivre avec mon âme sœur. Je ne cherchais pas tant une version du conte de fée avec le prince charmant, mais plutôt un lien profond avec l'homme qui, selon moi, faisait partie de mon destin, un homme que mon âme reconnaîtrait comme sa demeure.

À partir de l'âge de neuf ans, je me couchais dans mon lit le soir et je demandais à Dieu où était mon âme sœur. J'obtenais toujours la même réponse : en Italie. C'était plutôt une drôle de réponse pour une jeune fille qui grandissait en Californie. Mais cela me paraissait tout de même juste. Et avec cette réponse, je voyais un visage. Je ne distinguais pas tous les détails, mais il avait les cheveux foncés et une moustache et il était d'une élégante beauté.

Vers l'âge de 22 ans, j'ai commencé à me sentir découragée de ne pas l'avoir encore rencontré. Vers cette époque, j'ai suivi un séminaire sur le succès, dans lequel j'ai appris que mes buts devaient être clairs et précis et qu'il fallait que je les mette sur papier. C'est ainsi qu'est née une série de « listes sur ce que j'attendais d'une d'âme sœur ». J'ai écrit toutes les qualités que je recherchais chez un homme. Chaque fois que je m'y mettais, je réussissais à inclure entre 60 et 70 qualités, dont « spirituel » et « puissant » en tête de liste. Ces deux-là se disputaient toujours la première place ; « spirituel » gagnait quand j'étais en mode méditation et « puissant » remportait la victoire quand j'étais axée sur la carrière. Je glissais ensuite chaque nouvelle liste dans un dossier que j'avais étiqueté « âme sœur ». Je possède toujours ce dossier, incluant les 23 listes que j'ai compilées au fil des ans.

Durant ces années, j'ai eu cinq relations importantes avec des hommes formidables. Mais un problème revenait constamment : avec chacun, j'éprouvais la désagréable impression qu'il n'était pas le bon. Nous rompions parce que je voulais faire de la place à mon âme sœur. Rétrospectivement, tout ce que je souhaiterais c'était d'apprécier la relation pendant que nous étions ensemble, tout en ayant confiance que « lui » viendrait au moment opportun.

Les autres aspects de ma vie allaient à merveille. J'avais une carrière fabuleuse : j'avais écrit en collaboration *Bouillon de poulet pour l'âme de la femme* et *Bouillon de poulet pour l'âme d'une mère,* des livres qui avaient été en première place du palmarès du *New York*

Times et qui s'étaient écoulés en des millions d'exemplaires. Je voyageais partout dans le monde ; je donnais des conférences et des séminaires à des milliers de personnes. Ma vie professionnelle était à son apogée. Mais ma vie constamment sur la route me semblait vide et je désirais vraiment « le » rencontrer.

J'ai passé beaucoup de temps à me demander pourquoi les autres rencontraient leur âme sœur, mais pas moi. En quoi me trompais-je ? Pourquoi Dieu me punissait-il ? Je me tourmentais avec ces questions et je m'en voulais de ne pas être capable de le trouver. Chaque fois que je me plaignais à ma mère, elle me réconfortait en disant : « Ne t'inquiète pas, ma chérie. Il en vaudra l'attente. »

Puis, mon associée, Jennifer Hawthorne, et moi avons eu l'idée d'un nouveau livre pour la collection *Bouillon de poulet pour l'âme :* pour les célibataires qui, comme moi, voulaient lire des récits sur des personnes célibataires *et* heureuses. C'était là la prémisse du livre : pas besoin de partenaire pour être heureux. Nous avons entrepris la rédaction de ce livre en 1998, juste après mon 40e anniversaire. Durant l'année passée à travailler sur cet ouvrage, je n'ai plus pensé à mon besoin de trouver l'âme sœur et je me suis concentrée sur mon bonheur intérieur.

Une profonde certitude m'a envahie. J'ai eu l'impression que dès que le livre serait publié, mon « karma de célibataire » prendrait fin. En fait, presque tous les jours je disais à Jennifer : « Quand ce livre sera fini, mon célibat sera aussi fini. » Je le disais, je le sentais, je le croyais — mais étonnamment, sans trop m'attarder sur les détails ni sur le moment de cet événement. Entretemps, je me suis affairée à créer mon propre bonheur.

Puis, lors d'une froide journée de janvier 1999 typique de l'Iowa, j'ai fait une rencontre plutôt inhabituelle. Je me suis péniblement frayé un chemin dans la neige boueuse jusqu'à un immeuble quelconque où un Indien de petite taille était assis dans une salle de conférence, attendant de lire mon avenir dans des feuilles de palmier. Selon sa tradition, le destin d'une personne était inscrit en sanskrit sur d'anciens parchemins en feuilles de palmier. Il a passé en revue une grosse pile de feuilles jusqu'à ce qu'il tombe sur mon parchemin. Il ne savait absolument rien sur moi, à part mon nom ainsi que ma date et mon lieu de naissance, mais voilà qu'il me dévoilait tout sur moi et mon avenir.

Ses premiers mots ont été que j'avais une vie fantastique, ce à quoi j'ai acquiescé. Puis, il a rajouté :

— Mais parlons de votre problème : l'absence d'un mari.

Il m'a dit que j'allais rencontrer trois hommes éligibles au cours des six prochains mois, les uns après les autres. Les trois seraient d'origine étrangère et même si j'allais avoir une bonne relation avec chacun, ils deviendraient simplement de bons amis. Je lui ai dit que ses prédictions étaient impossibles — jamais je n'avais rencontré d'hommes éligibles les uns après les autres. Il s'écoulait toujours quelques années entre mes relations et le scénario qu'il me décrivait me paraissait donc ridicule. Il a insisté que les choses se passeraient ainsi et il a poursuivi en me révélant ce que j'étais venue entendre.

— Puis vous allez connaître un quatrième homme : votre mari. Permettez-moi de vous le décrire, ainsi vous le reconnaîtrez. Il aura des cheveux foncés et une moustache et aura l'air méditerranéen. Il est né et a grandi en Italie. Il travaille comme thérapeute ; il aide les gens à régler leurs problèmes. Il aime la musique, la danse et les arts. Il vit en Californie. Et, a-t-il continué, il a six ans de moins que vous.

— Impossible ! me suis-je à nouveau exclamée, cette fois laissant libre cours à ma frustration. Je n'ai *jamais* fréquenté d'hommes plus jeunes. Tous les hommes avec qui je suis sortie étaient plus âgés que moi ; en général, ils avaient 10 ans de plus. Je n'aime même pas les hommes plus jeunes.

— Je n'y peux rien. Il est votre destin, a-t-il ajouté.

J'ai quitté la salle en me disant que cet Indien était très gentil, mais complètement à côté de la plaque. J'ai fait fi de tout ça et j'ai continué ma vie, oubliant ma quête et m'appliquant à faire mon propre bonheur.

Étrangement, deux semaines plus tard, j'ai commencé à fréquenter un Européen. Environ un mois après, j'ai fréquenté un autre homme qui venait d'Angleterre et nous sommes devenus de bons amis. À peu près deux mois plus tard, j'ai eu un rendez-vous surprise avec un troisième homme, originaire de Russie, avec qui j'ai créé une excellente amitié. Je sais que c'est dur à croire, mais pendant tout ce temps je ne me suis pas souvenue de la lecture des feuilles de palmier. Je l'avais complètement oubliée et jamais il ne m'était venu à l'esprit que la première partie de cette prédiction s'était déjà réalisée.

Le 15 septembre 1999, *Bouillon de poulet pour l'âme des célibataires* est sorti en librairie. Dès le lendemain, je me suis rendue à l'institut Omega, un magnifique centre de retraite situé dans les Catskills dans l'État de New York, pour assister à un cours de croissance personnelle avec plus de 600 personnes. Après avoir accédé au vaste parc de stationnement en gravier pour me garer, je suis sortie de mon auto et Karen, une femme avec qui j'étais devenue amie l'année précédente lors d'un autre cours que j'avais suivi à cet institut, a été la première personne que j'ai vue. J'ai pensé que c'était un synchronisme incroyable, puisque c'était la seule personne avec laquelle je m'étais liée durant l'événement de l'an dernier. Elle s'apprêtait à monter dans sa voiture pour quitter, puisque le cours qu'elle avait pris était terminé. Après les embrassades, elle a dit soudain :

— Veux-tu rencontrer un homme ?

— Je suis toujours intéressée à rencontrer un homme, ai-je dit.

Elle m'a alors parlé d'un homme qu'elle venait tout juste de connaître à son cours de danse. Elle pensait que je l'aimerais bien. Il restait pour suivre le cours pour lequel j'étais venue et elle voulait nous présenter l'un à l'autre. Elle m'a demandé :

— Aimes-tu les gros hommes machos ?

— Oui ! ai-je répondu avec enthousiasme.

— Eh bien, ce n'est pas ce genre d'hommes, a-t-elle dit. C'est plus un type doux et sensible.

— Hum, ce n'est pas ce que j'avais en tête, ai-je pensé.

— Aimes-tu les hommes plus vieux ? m'a-t-elle demandé.

— Oh oui ! ai-je dit tout excitée.

— Eh bien, il ne correspond pas à ça non plus. Il a probablement cinq ou six ans de moins que toi.

— Alors dans ce cas, non. Je ne veux vraiment pas le rencontrer, ai-je répondu complètement dépitée.

À ce moment précis, elle s'est retournée et l'a aperçu du coin de l'œil, marchant à l'autre bout du terrain de stationnement ; elle me l'a montré du doigt. Il était assez loin et je ne pouvais voir son visage, mais j'ai senti son énergie et j'ai tout de suite saisi le bras de Karen en lui disant qu'elle devait me le présenter. Nous avons donc traversé l'aire de stationnement à toute vitesse.

— Sergio, je te présente mon amie Marci. Tu dois lui apprendre à danser, lui a-t-elle dit tout de go.

Avant même que je puisse dire bonjour, Sergio m'a prise dans ses bras et m'a fait valser sur le gravier. Je venais de rencontrer mon prince charmant italien.

Nous nous sommes sentis proches instantanément, comme si nous nous connaissions depuis toujours. Toutefois, nous ne correspondions certainement pas au portrait de notre âme sœur. Nos tempéraments étaient tellement différents. Doté d'un bon caractère, il était tendre et détendu. J'étais énergique, enthousiaste et « pas reposante ». Nos premiers mois ont été très compliqués. Nous tentions de maintenir une relation à distance (je voyageais de l'Iowa jusqu'en Californie pour lui rendre visite chaque quinzaine) et je n'étais pas du tout certaine que nos personnalités dissemblables s'accorderaient un jour.

Puis, à mon réveil un matin chez moi dans l'Iowa, ma séance avec le voyant qui lisait dans les feuilles de palmier m'est soudain revenue. Je me suis levée d'un bond et j'ai couru chercher le dossier qui contenait mes notes de cette rencontre. En les relisant, j'ai été stupéfaite. J'ai téléphoné à Sergio et je l'ai réveillé à 5 heures du matin pour lui lire ce passage :

« Il aura des cheveux foncés et une moustache et aura l'air méditerranéen. Il est né et a grandi en Italie. Il travaille comme thérapeute ; il aide les gens à régler leurs problèmes. Il aime la musique, la danse et les arts. Il vit en Californie, *et* il a six ans de moins que vous. »

Chaque point était tout à fait juste. Nous avons gardé le silence un moment.

C'est alors qu'un souvenir a rejailli dans mon esprit. Le visage de l'homme des rêves de mon enfance — c'était celui de Sergio, mon âme sœur.

Nous sommes ensemble depuis près d'une décennie. L'Indien aux feuilles de palmier avait raison : Sergio est mon destin. Et ma mère avait raison : l'attente valait la peine !

● ● ●

Marci n'aurait pas été présentée à Sergio comme cela s'est passé si elle ne s'était pas engagée à mettre de l'ordre dans ses affaires en écrivant son livre. Voilà ce que signifie la réceptivité : nous préparer sur tous les plans à la venue de notre âme sœur qui nous fera valser sur un terrain de stationnement en gravier ; nous pourrons alors lui emboîter le pas.

4. *Suis-je prêt physiquement ?*
À l'époque où j'étais agente publicitaire de livres, l'une de mes premières responsabilités envers les nouveaux clients consistaient à leur donner des conseils sur la manière de se présenter à la télévision. La première impression compte pour beaucoup, et votre coiffure de même que vos vêtements doivent vous avantager le plus possible. J'ai déjà rencontré une cliente potentielle — une détentrice d'un Ph.D. de 45 ans — qui essayait de ressembler à une meneuse de claque de 17 ans. Ses longs cheveux blonds décolorés à l'excès, sa jupe courte et son rouge à lèvres rose étaient en contradiction complète avec son curriculum vitae. J'ai tenté de lui expliquer qu'il lui serait pratiquement impossible de se faire prendre au sérieux, parce que son aspect physique ne correspondait pas au professionnalisme qu'elle prétendait avoir. Aussi

délicatement que possible, je lui ai expliqué qu'il était important d'avoir le physique de l'emploi, mais en fin de compte, cette femme tenait plus à ses minijupes qu'à l'avancement de sa carrière.

Si la personne de vos rêves est un cadre d'entreprise notable et que vous arborez des mèches mauves dans votre chevelure et des vêtements d'avant-garde, peut-être ajoutez-vous des difficultés inutiles à la quête de votre vie amoureuse. En plus du style vestimentaire, les couleurs que vous portez ont un pouvoir sur vos émotions, votre énergie et la perception d'autrui. Une femme vêtue d'un tailleur rouge passera bien dans le cadre d'une entreprise, mais sera probablement un peu trop chic pour une rencontre informelle. Commencez à prêter attention à ce que vous communiquez par les couleurs, les textures et le style de vos vêtements. Que cela nous plaise ou non, nous nous jugeons rapidement les uns les autres à partir de l'apparence. Tirez-en avantage et soyez conscient des messages non verbaux que vous envoyez. Pourquoi ne pas considérer maintenant la possibilité de renouveler votre image et votre garde-robe ? Si vous n'avez pas changé votre coiffure ou la couleur de vos cheveux depuis 5 ou 10 ans, songez à prendre un rendez-vous dans le salon le plus réputé de votre quartier pour explorer vos options.

En résumé, nous pouvons dire que lorsque nous paraissons bien, nous nous sentons bien. Et quand nous nous sentons bien dans notre peau, cela se voit, et nous prenons de l'assurance. La préparation en vue de l'arrivée de notre âme sœur est le moment idéal pour faire émerger ce qu'il y a de plus beau en nous.

La conscientisation du sentiment suivante vous aide à créer un espace pour un nouvel amour dans votre cœur et votre vie.

Conscientisation du sentiment
Créez de l'espace pour l'amour

Installez-vous dans un fauteuil confortable. Faites appel à votre imagination et visualisez l'allée de stationnement devant votre maison. Si vous habitez un immeuble résidentiel, choisissez plutôt la maison où vous avez grandi ou n'importe quelle autre dotée d'une allée de stationnement. Pour les fins de cet exercice, ce sera votre maison.

Je vous invite à imaginer que votre ex — une personne envers qui vous ressentez encore un attachement, positif ou négatif — a garé sa voiture au beau milieu de l'allée devant votre maison. Si votre ex ne possédait pas d'auto, imaginez la sorte de voiture qu'il ou elle aurait eue. Vous regardez donc l'auto de votre ex, garée devant chez vous. Peut-être êtes-vous juste à côté, peut-être la voyez-vous à partir d'une fenêtre ou d'une fente dans la porte. Prenez conscience des sentiments qui surgissent en vous en contemplant cette scène.

Pendant que vous regardez la voiture, vous apercevez soudain la plus grosse et la plus redoutable remorque que vous n'ayez jamais vue. Elle a l'air d'un véritable monstre doté de roues presque aussi grosses qu'un véhicule de taille normale. Au début, vous pensez qu'elle va poursuivre son chemin… puis vous vous rendez compte qu'elle recule jusqu'à la voiture de votre ex! Et voilà le conducteur qui descend et abaisse le gros crochet qu'il installe droit dans le pare-choc. Voyez la remorque qui soulève la voiture du sol et écoutez le bruit du moteur qui démarre. Maintenant la remorque avance en emportant l'auto de votre ex. Comment vous sentez-vous?

Une fois que la remorque s'est éloignée, vous regardez l'espace vide et la première chose que vous remarquez c'est la saleté à l'endroit où était garée l'auto. Il y a de la graisse, de l'huile et de la poussière partout; un vrai dégât. Vous tournez la tête pour voir où la remorque emporte la voiture et constatez qu'elle quitte votre voisinage. Elle roule maintenant sur l'autoroute la plus près de chez vous en direction nord… à destination du pôle Nord.

La remorque monte toujours vers le nord et bientôt elle franchit le pôle Nord. Elle accélère. Elle va de plus en plus vite et finalement… vous constatez qu'elle ne touche plus terre! Elle se soulève tel un avion qui décolle. Vous la regardez se frayer un chemin jusqu'aux nuages, puis vous voyez le conducteur qui redescend habilement sur terre en parachute. La remorque, avec la voiture de votre ex, est maintenant dans l'espace et s'achemine vers les confins de l'Univers. Elle vient tout juste de quitter la Voie lactée et a traversé plusieurs trous noirs. Mais vous n'êtes pas dans la remorque; vous êtes dans votre maison. Cependant, vous êtes capable de voir que la remorque et l'auto sont au-delà des limites de l'Univers. Soudain, vous sentez quelque chose dans la paume de votre main ; vous jetez un coup d'œil et apercevez une petite boîte munie d'un *gros* bouton rouge. Quand je dirai : « Allez », vous appuierez sur ce bouton et la voiture explosera en millions de morceaux. Êtes-vous prêt ?

1, 2, 3, allez !

La voiture et la remorque viennent d'exploser en trillions d'éclats. Vous ne pouvez les voir parce qu'ils sont minuscules et à des années lumière. Avec beaucoup de satisfaction et un grand soulagement, vous reportez votre attention sur l'allée devant votre maison, là où se trouvait l'auto de votre ex. Une fois de plus vous constatez que pendant des années, les mauvais traitements, la négligence et la saleté s'y sont accumulés. Vous vous rendez compte maintenant que cela est tout à fait inacceptable. Vous vous armez donc de courage, relevez vos manches et vous mettez au travail pour nettoyer cet espace. Aux quatre extrémités de l'allée, voyez-vous en train d'installer quatre bougies très hautes. Elles peuvent atteindre votre taille ou vos épaules ou ressembler à d'immenses flambeaux en bambou. Elles sont aussi hautes que vous le voulez. Avec une allumette ou un briquet, allumez les bougies aux quatre extrémités de cette allée.

Dès que vous les allumez, une équipe d'intervention en matières dangereuses accourt. Ces gens ont des détergents et des accessoires et entreprennent de nettoyer le dégât. Les quatre bougies se consument toujours et les membres de l'équipe transportent les débris les plus gros dans des sacs à ordures. À la fin de la journée, ils remontent dans leur camion et partent. Laissez brûler les bougies. Elles purifient votre espace et les restes du passé. Ces bougies brûleront pendant 30 jours à partir d'aujourd'hui. Regardez bien autour de vous; demain à la même heure vous reviendrez ici pour continuer de nettoyer votre voie d'accès. Dès que vous prêtez attention aux quatre bougies qui brûlent aux quatre extrémités de l'allée, l'équipe d'intervention surgit avec des brosses, du savon, de la peinture, de l'asphalte… tout le nécessaire pour que votre allée redevienne fraîche et pure. L'objectif est d'en faire la plus belle des allées que vous n'ayez jamais vue. Rendez-la très attrayante pour votre âme sœur, qui voudra immédiatement y garer sa voiture. Revenez chaque jour et voyez jusqu'où ont fondu les bougies. Constatez que les taches de graisse ont disparu et sont maintenant remplacées par un pavé blanc tout neuf.

Chaque jour, améliorez davantage cet espace en y ajoutant des plantes et des fleurs. Ce faisant, prenez conscience que vous déroulez un tapis rouge cosmique pour votre âme sœur.

• • •

Après cette conscientisation du sentiment, affirmez que vous êtes maintenant prêt à accueillir un nouvel amour. Sur les plans physique et mental, votre espace intérieur est maintenant libre et ouvert. Il y a de la place dans votre cœur pour aimer quelqu'un.

5. Créer de l'espace dans votre âme

Comme nous venons de le voir, si vous désirez être réceptif, prêt et disposé à accueillir votre âme sœur, vous devez aménager un espace physique, émotionnel et mental qui vous permettra de reconnaître sa présence et de créer un lien avec elle. Mais il y a une autre sorte d'espace à cultiver, et c'est l'espace qui ne peut naître que de la tranquillité d'esprit et de la méditation.

Je peux vous affirmer, sans l'ombre d'un doute, que la plupart des gens que je connais ayant recouru à la Loi de l'Attraction pour trouver leur partenaire de vie ne l'ont pas rencontré à une fête bruyante ni à un événement pour célibataires. Ils l'ont rencontré alors qu'ils étaient dans le silence et la tranquillité, en paix avec eux-mêmes et connectés à leur sagesse profonde. Être prêt ne veut pas seulement dire compléter des projets, renouveler son image ou dire adieu à ses anciens amours. Il s'agit aussi de générer en vous une tranquillité qui vous permet de capter et d'entendre les murmures d'intuition subtils qui vous offrent des indices sur le bon geste à poser.

Après vous être engagé à faire de la place dans votre vie et à vous préparer à accueillir l'être aimé, il ne vous reste plus qu'à vous en remettre au facteur temps et à laisser les choses se produire par elles-mêmes. J'en suis arrivée à comprendre que le temps est vraiment tout. L'accepter signifie que nous sommes d'accord pour travailler selon l'emploi du temps de l'Univers, plutôt que de nous entêter à vouloir suivre le nôtre. Le facteur temps et le destin sont inévitablement liés et nous devons apprendre à faire confiance au déroulement divin de chacun.

Dans le livre *Mange, prie, aime* d'Elizabeth Gilbert, il y a une citation sur le destin que j'aime beaucoup. La voici :

> Le destin est une relation qui se joue entre la grâce divine et l'effort que nous consentons par la volonté. Cette relation échappe pour moitié à notre contrôle ; l'autre moitié est entièrement entre nos mains et nos actions en montreront la conséquence mesurable. L'homme n'est jamais tout à fait une marionnette des dieux, non plus qu'il n'est le capitaine de sa propre destinée ; il est un peu des deux. Nous traversons la vie au galop tels des écuyers de cirque – un pied posé sur le cheval baptisé « destin », l'autre sur « libre arbitre ». Et la question qu'il faut se poser chaque jour est : lequel de ces deux chevaux est le destin ? Lequel le libre arbitre ? Quel est celui dont je dois cesser de me préoccuper parce qu'il n'est pas sous mon contrôle, et lequel dois-je guider en faisant un effort de concentration ?

Durant votre préparation en vue de la manifestation de votre âme sœur, un élément d'effort volontaire, de même qu'une grande part de foi et de destin entrent en jeu. C'est la combinaison des trois qui vous fait mériter votre prix.

CHAPITRE TROIS

La préparation
du nid

...

Depuis que le bonheur a entendu
ton nom, il court dans
les rues pour te trouver.

Hanz

Pensez à l'instant où votre âme sœur passera le seuil de votre porte pour la première fois. Imaginez les décors, les sons et les odeurs avec lesquels vous aimeriez accueillir votre amour quand il entrera dans votre espace. Quel cadre fournirait la scène idéale d'un amour fou entre vous et cette personne ? Maintenant visualisez votre maison telle qu'elle est présentement. Je parie que quelques réaménagements s'imposent pour que votre foyer soit prêt à accueillir l'amour de votre vie.

N'oubliez pas que le processus de manifestation de votre âme sœur consiste à faire un espace pour elle dans la totalité de votre être et dans tous les domaines de votre vie. Naturellement cela inclut votre lieu de résidence — votre foyer. Dans ce chapitre, nous approfondirons l'art de « l'épuration de l'espace » afin de purifier votre maison de toutes énergies négatives et obstructives issues d'anciennes relations, d'idées dépassées et même d'influences d'occupants précédents. Quand votre maison sera nettoyée et libérée de ces nuisances, je vais partager avec vous quelques secrets du feng shui qui m'ont servi à transformer ma demeure en aimant de l'amour.

LES ÉNERGIES SUBTILES

Nos maisons ne sont pas seulement des abris constitués de quatre murs, de fenêtres et de portes. Idéalement, ce sont des havres, des sanctuaires qui reflètent nos sentiments les plus profonds et nos valeurs les plus élevées. La sensation ou la vibration pénétrante que vous éprouvez quand vous entrez quelque part constitue un indice de l'énergie de ce lieu. Les décors, les odeurs et les goûts que reçoivent vos sens contribuent à cette impression, mais il y a aussi quelque chose de plus subtil qui ne peut être perçu que par votre instinct en tant que sensation de confort ou d'inconfort. Quand vous pénétrez dans une pièce où des gens sont en train de se disputer et que vous percevez une tension si dense, à couper au couteau, vous vous accordez sur l'énergie de cette pièce. Similairement, quand vous entrez chez quelqu'un et que vous vous sentez tout de suite à l'aise, c'est souvent surtout à cause de l'énergie du lieu plutôt que de l'architecture ou du décor.

Dès ma tendre enfance j'ai été consciente de l'énergie subtile des choses. Je me rappelle être étendue dans notre cour arrière à l'âge de deux ou trois ans, regardant les mauvaises herbes et croyant qu'il s'agissait de fleurs, voyant une énergie pétillante irradiant de chacune. Je me souviens aussi d'avoir été chez toutes sortes de gens et d'avoir senti s'ils vivaient dans des foyers heureux, tendus, violents... des foyers qui semblaient s'ouvrir pour m'accueillir, d'autres qui paraissaient contenir de nombreux secrets jamais révélés. Peut-être avez-vous remarqué que différentes maisons émettaient différentes vibrations, que vous ayez enregistré cette information consciemment ou non. Maintenant que vous avez déclaré être prêt à rencontrer votre âme sœur, vous devez devenir extrêmement attentif à l'énergie que votre maison dégage et faire en sorte que le message transmis soit invitant et attrayant.

Si vous venez tout juste d'emménager dans une maison ou un appartement, les énergies résiduelles négatives de votre passé, des occupants précédents ou même du milieu environnant peuvent miner l'atmosphère que vous tentez de créer. Les disputes qui ont eu lieu ici avec vos anciens partenaires, les moments de tristesse et d'affliction, les périodes de solitude et de désespoir sont tous maintenus dans votre espace à un niveau énergétique. Autrement dit, les murs de votre demeure peuvent *parler* et vous devez vous assurer qu'ils transmettent votre réceptivité à l'amour, à la passion, à l'engagement et au bonheur. En purifiant votre espace énergétique, vous pouvez amorcer cette nouvelle période décisive de votre vie dans un environnement neuf tout frais.

Comme nous l'avons vu dans le chapitre précédent, dans le processus d'attraction de quelque chose de nouveau, il est essentiel de créer un espace. Quand vous préparez votre maison à la venue de votre âme sœur, il est surtout important de faire de la place dans votre chambre à coucher et d'en réserver aussi dans votre garde-robe. Similairement, je vous recommande

> « Quand tu marches
> laisse ton cœur te
> guider et tu trouveras
> l'amour chaque jour. »
>
> *Burt Bacharach*
> (paroles de « Alfie »)

de libérer la table de chevet du côté de votre âme sœur pour qu'à son arrivée cette personne puisse la remplir de ses effets personnels. Assurez-vous que votre lit est suffisamment grand pour que deux personnes y dorment confortablement. Si vous êtes divorcé et que vous utilisez le lit où couchait votre ex, c'est une excellente idée d'en acheter un nouveau — ainsi que des draps neufs.

Si vous vous rendez compte que vous avez de la difficulté à abandonner les souvenirs d'amours anciens ou à faire de la place pour votre âme sœur dans votre chambre ou vos placards, c'est peut-être un signe que vous n'êtes pas prêt à partager votre vie à ce niveau. Donc, si vous vous heurtez à de la résistance, voyez-y une occasion d'effectuer un travail plus profond sur les émotions pour surmonter les blocages que vous traînez peut-être encore (les chapitres intitulés « La réceptivité » et « Décrocher du passé » proposent plusieurs excellents exercices).

Éliminer concrètement le désordre dans votre vie est l'un des moyens les plus rapides que je connaisse pour accroître l'afflux d'une nouvelle énergie positive. Comme lorsque vous déroulez un « tapis rouge cosmique », cela envoie un message clair et précis à l'Univers que vous êtes prêt à accueillir une personne dans votre vie, que vous voulez qu'elle se sente bien chez vous et qu'elle partage finalement votre chambre à coucher.

Les rituels d'épuration de l'espace se pratiquent dans presque toutes les traditions et les cultures autochtones du monde. Conçus pour nettoyer et purifier l'énergie, ou *chi,* de votre foyer, ces techniques éliminent l'énergie stagnante de votre environnement et élèvent le niveau de conscience qui règne dans chaque pièce. Il existe de nombreuses techniques d'épuration de l'espace, mais ma préférée est un procédé appelé purification.

Les Américains autochtones procédaient à des cérémonies de purification pour faire disparaître l'énergie négative avec de la fumée de diverses herbes ou résines, dont la sauge, le cèdre, le foin d'odeur et la lavande. Cette tradition s'est répandue de plus en plus ; c'est une technique très simple et amusante. Vous trouverez une panoplie d'accessoires cérémoniaux tels des bâtons d'encens, des baguettes ou des faisceaux purificateurs à votre marché local d'aliments naturels ou dans une librairie ésotérique. Si vous préférez, des guérisseurs d'énergie professionnels et des consultants en feng shui peuvent venir chez vous. Choisissez la méthode avec laquelle vous êtes le plus à l'aise.

• • •

Pour commencer :

- Je préfère utiliser de la sauge de Californie et j'aime bien procéder le jour. J'ouvre d'abord toutes les portes et les fenêtres de la maison

Cérémonie de purification

pour laisser entrer le plus possible l'air frais et les rayons du soleil. Je commence à la porte avant et je parcours systématiquement toute la maison. Il ne faut oublier aucun coin, aucun placard, aucune pièce. En procédant, demeurez conscient de votre intention et de vos pensées. Dans les traditions autochtones américaines, il est courant de prier tout en purifiant une maison. Vous pouvez réciter une de vos prières favorites ou offrir une bénédiction toute simple comme celle-ci : « Bénissez et purifiez cette maison et faites-en un nid confortable pour moi et mon amour. » N'oubliez pas que votre objectif est d'éliminer toute énergie négative de votre espace personnel et d'accueillir une nouvelle énergie positive fraîche empreinte d'amour.

- Allumez le bout d'un bâton d'encens purificateur et placez-le soit dans une coquille d'abalone ou un contenant à l'épreuve de la chaleur (je vous suggère de porter un gant de cuisine dans la main qui tient les herbes purificatrices).

- Servez-vous de votre main ou d'une plume pour diffuser la fumée vers l'endroit ou l'objet à purifier.

Lorsque vous purifiez une pièce, parcourez-en le périmètre en tenant le contenant ; effectuez de grands mouvements circulaires avec votre main. Restez concentré sur votre intention de bannir toute négativité et de créer un espace où l'amour pourra s'épanouir.

N'oubliez pas de propager la fumée autour des cadres de portes et dans tous les placards.

Évidemment, vous devez faire preuve de jugement et de bon sens en travaillant avec des objets allumés.

Si vous n'aimez pas l'odeur de la sauge, ou si vous vivez dans un lieu restreint ou dans un endroit où la ventilation est déficiente, voici d'autres méthodes d'épuration de l'espace qui s'offrent à vous :

✓ *Utilisez* votre encens préféré pour purifier votre foyer. Déplacez-vous dans chaque pièce avec trois bâtons d'encens de la façon décrite précédemment.

✓ *Remplissez* un verre d'eau propre et ajoutez-y une goutte d'un parfum ou d'une huile essentielle que vous aimez. Promenez-vous dans la maison en trempant le bout d'un mouchoir dans le verre et en pulvérisant généreusement l'eau parfumée d'un geste du poignet.

✓ *Attachez* des cristaux à des rubans roses ou rouges et suspendez-les dans les coins de votre maison pour faire sortir ou empêcher d'entrer les énergies négatives (plus de détails dans la prochaine section).

Il n'y a pas de bonnes ou de mauvaises méthodes pour purifier une maison. Le seul ingrédient essentiel est l'intention de libérer votre foyer de toutes les énergies anciennes, inutiles, limitatives ou négatives qui peuvent empêcher l'amour de trouver son chemin jusqu'à votre porte. Une fois votre foyer libéré de tout fouillis ou encombrement inutile, vous pourrez recourir à quelques principes de base du feng shui pour le transformer en un sanctuaire d'énergie positive vibrante et attrayante.

LE FENG SHUI POUR
ATTIRER VOTRE ÂME SŒUR

Le feng shui est l'art chinois de créer un environnement harmonieux. Puisque cette tradition date de 4000 ans et qu'elle s'est transmise de génération en génération, il se pratique de nos jours plusieurs adaptations, incluant l'école de la forme, l'école de la boussole, la méthode des bonnets noirs, le feng shui intuitif et bien d'autres. Toutefois, l'intention sous-jacente de toutes ces écoles de pensée est la même : créer un courant d'énergie plus positif partout dans votre foyer. Dans cette section, je partagerai avec vous les principes du feng shui qui m'ont aidée à attirer mon âme sœur. Tout en suivant ces étapes, j'ai puisé dans différentes sources incluant mon intuition personnelle. Je vous invite à faire diverses expériences à partir de ces suggestions afin d'intégrer dans votre vie ce que vous trouvez utile. En bout de ligne, vous devez agir de votre propre chef et faire ce qui vous convient le mieux. D'après mon expérience, c'est l'intention — plus que l'exécution précise — de ces principes qui attire l'amour dans votre vie.

Je suis devenue une adepte du feng shui il y a plus de 20 ans, lorsque j'ai emménagé dans une maison et une ville nouvelles. J'ai consulté un maître du feng shui, Louis Audet, et je lui ai demandé conseil sur tout, à partir de la pièce que je devais convertir en bureau jusqu'à l'emplacement des meubles, des miroirs, des plantes, des œuvres d'art, des cloches, des carillons et ainsi de suite. Quelques mois après mon installation dans cette maison suivant ses conseils, ma carrière et mes finances étaient en ébullition.

Par la suite, j'ai fait la connaissance de Shawne Mitchell, un consultant réputé en feng shui et l'auteur de quelques livres sur ce sujet, qui a corroboré les recommandations de Louis et m'a transmis d'autres connaissances judicieuses pour attirer l'amour grâce au feng shui. J'ai appliqué ces principes dans ma maison et en moins de deux ans j'ai rencontré mon âme sœur. Je ne prétends pas en comprendre le fonctionnement, mais il n'en reste pas moins que cela a marché pour moi (et pour la plupart de mes amis). En conséquence, je recommande sincèrement le feng shui dans le cadre de la préparation en vue de la manifestation d'une âme sœur.

Dans le feng shui, chaque section de votre maison — et chaque section de chaque pièce — correspond à un aspect spécifique de votre expérience de la vie. Toutes les parties de votre habitat peuvent être représentées graphiquement sur un diagramme appelé bagua, illustré à la page 77. Il y a huit parties en tout : *Sagesse et Connaissance de soi, Perspectives professionnelles, Gens secourables et Voyages, Enfants et Créativité, Reconnaissance et Réputation, Richesse et Prospérité, Santé et Famille* et, bien sûr, *Mariage et Relations*, sur laquelle nous nous concentrerons ici.

Première chose à faire : situer le domaine du Mariage et des Relations de votre maison et de votre chambre à coucher. Selon le système de feng shui que j'ai utilisé, voici comment repérer ces endroits importants dans votre maison.

• • •

Stimulez votre chi Placez-vous à la porte avant en faisant face à l'intérieur de votre maison et servez-vous du diagramme bagua pour identifier les différentes parties de la pièce. Le coin le plus éloigné vers la droite correspond au domaine du Mariage et des Relations de votre maison.

Ensuite, tenez-vous à l'entrée de votre chambre à coucher, vers l'intérieur. Le coin le plus éloigné vers la droite est celui du Mariage et des Relations.

Il est recommandé de concentrer vos efforts sur ces deux endroits — le coin du Mariage et des Relations de votre chambre et de votre maison. Voici quelques-uns des meilleurs trucs que j'ai découverts pour stimuler le

chi (ou énergie) dans le coin Mariage et Relations de votre maison et de votre chambre à coucher :

✓ *Décorez* la partie de cette pièce avec des cristaux de quartz roses, surtout en forme de cœurs. Suspendez-les avec des rubans roses ou rouges directement dans la partie Mariage et Relations ou près des fenêtres.

✓ *Affichez* des images d'animaux en couple, tels que des cygnes, des flamants (qui, au fait, restent ensemble toute la vie), des dauphins ou des colombes. Si vous préférez, une sculpture représentant un couple d'amoureux ou une famille fera aussi l'affaire.

✓ *Parez* cet endroit de nombreuses chandelles rouges, roses ou pêche.

✓ *Ornez* la pièce de plantes vertes luxuriantes — surtout celles qui ont des feuilles en forme de cœur.

✓ *Suspendez* des carillons éoliens dans ce coin.

✓ *Vous* pouvez aussi accrocher une œuvre d'art sur le mur sud de votre chambre à coucher — quelque chose qui inspire l'amour dans votre cœur et qui vous fournit une image positive sur laquelle vous concentrer. Les fleurs fraîches symbolisent la croissance et le développement ; elles vous rappelleront en tout temps de garder votre cœur ouvert. Toutefois, évitez de placer des fleurs séchées dans votre chambre ou votre maison ; elles représentent l'énergie morte.

Lorsque vous recourez au feng shui pour attirer votre âme sœur, la section Gens secourables et Voyages, située dans le coin inférieur droit du bagua, adjacent à celui du Mariage et des Relations de votre maison, mérite aussi une attention. Selon les principes du feng shui, en stimulant le courant d'énergie dans cette partie, vous favorisez l'aide et les conseils de sources inattendues. Une de mes amies, Gigi, a découvert que c'était bien vrai.

Ressentant un fort désir de rencontrer son âme sœur, Gigi faisait tout en son pouvoir pour la trouver — elle priait, fréquentait des événements pour célibataires et s'était mise à aller prendre un verre avec des amis après le travail. Tout cela, sans succès. Vers cette même époque, l'amie de Gigi, Patricia, étudiait le feng shui et lui a demandé si elle pouvait exercer ses compétences nouvellement acquises chez elle. Au début Gigi était sceptique, mais elle s'est dit pourquoi pas.

En circulant dans chaque pièce de la maison de Gigi, Patricia a découvert que de nombreux aspects pouvaient être améliorés pour stimuler sa vie amoureuse. Par exemple, il y avait beaucoup de plantes dans le coin Mariage et Relations de sa maison. Patricia lui a suggéré d'en mettre quelques-unes dans des pots rouges (le rouge est une couleur attrayante qui est aussi celle de l'amour), de réciter une prière trois fois, tout en replaçant les plantes empotées dans la pièce et de visualiser ce qu'elle désirait comme vie amoureuse. Gigi s'est sentie un peu ridicule, mais s'est tout de même exécutée, s'imaginant vêtue d'une robe de mariée et embrassant son nouvel époux.

Patricia a aussi remarqué que la section Gens secourables et Voyages dans la maison de Gigi était plutôt dénudée et mal éclairée. Elle a expliqué que les gens secourables n'étaient pas uniquement ceux qui vous donnent de l'argent, mais aussi ceux qui vous aident à tous points de vue, que ce soit avec de sages paroles, en vous faisant connaître quelqu'un de spécial, etc. Puisque tellement d'âmes sœurs se rencontrent grâce à un ami ou une amie, quelqu'un de leur famille, un ou une collègue de travail, ou d'autres personnes qui les présentent l'une à l'autre, Patricia a insisté sur l'importance de prendre soin de cet aspect dans sa maison et a suggéré à Gigi d'installer quelque chose de noir et d'améliorer l'éclairage à cet endroit. Le lendemain, Gigi a acheté une lampe torchère halogène noire qu'elle a assemblée le soir même et placée dans la partie Gens secourables et Voyages. Elle a récité une prière trois fois et a imaginé de l'aide venant de toutes parts vers elle.

Je précise que c'était un vendredi.

Le samedi soir, le téléphone de Gigi a sonné. C'était une collègue de travail qu'elle aimait beaucoup, mais avec qui elle n'avait jamais vraiment socialisé en dehors de promenades à la pause déjeuner ou de rencontres à des réceptions organisées par l'entreprise. Elle appelait pour annoncer à Gigi que le meilleur ami de son mari, Rick, avait récemment divorcé et qu'il était intéressé à rencontrer une nouvelle personne. Sa collègue lui a expliqué qu'elle et son mari avaient parcouru la liste de femmes célibataires qu'ils connaissaient quand soudain, comme apparaissant sous l'éclairage d'une lampe halogène, le nom de Gigi avait surgi dans son esprit. Le week-end suivant, ils sont sortis tous les quatre et depuis, Rick et Gigi sortent ensemble.

Dans le feng shui, la chambre à coucher est un lieu qui favorise un courant harmonieux d'énergie enrichissante et sensuelle. Idéalement, elle doit être invitante et apaisante, à la fois excitante et calmante. Voici quelques conseils sur lesquels les experts s'entendent pour vous aider à faire de votre chambre à coucher un lieu agréable et reposant :

✓ *Les chambres* à coucher doivent idéalement être situées à l'arrière de la maison afin de donner aux occupants un sentiment de sécurité, d'intimité et de confort.

Transformez votre chambre à coucher

✓ *Évitez* d'accrocher des photos d'enfants ou de membres de votre famille dans la chambre principale. Personne ne veut que la famille voie de manière symbolique ce qui se passe dans l'intimité de cet espace !

✓ *Si possible*, n'utilisez pas votre chambre à coucher comme bureau. Retirez tout ce qui rappelle le travail, incluant les pupitres, les bibliothèques, les ordinateurs, les appareils d'exercice, etc. N'oubliez pas, votre chambre à coucher est un lieu sacré pour dormir, vous détendre, passer du temps entre amoureux et faire l'amour. Moins il y a de distractions, mieux c'est.

✓ *Ce n'est pas* une bonne idée de placer un téléviseur dans la chambre à coucher. S'il n'y a pas d'autre endroit où le mettre, rangez-le dans un cabinet ou recouvrez-le d'un tissu pour le faire disparaître symboliquement quand vous ne l'utilisez pas.

✓ *Choisissez* avec soin les images et les œuvres d'art que vous exposez dans votre chambre à coucher. Privilégiez des images qui représentent ce que vous voulez expérimenter davantage dans votre vie. En d'autres termes, à moins que vous n'aimiez être triste et seul, ne placez rien qui évoque la tristesse et la solitude dans votre chambre à coucher.

✓ *Abstenez-vous* de mettre des miroirs dans la chambre à coucher. Selon le feng shui, ils sont plus appropriés dans le séjour ; dans la chambre, ils peuvent vous tenir éveillé ou en alerte.

✓ *Libérez* l'espace sous votre lit. Trouvez d'autres solutions de rangement pour vos vêtements d'hiver et vos couvertures supplémentaires. Tout l'espace autour du lit doit être dégagé afin de recevoir la nouvelle énergie vitale.

✓ *Ouvrez* les fenêtres souvent pour que l'air de la chambre soit toujours frais et rempli d'oxygène.

✓ *Si* cela est possible, veillez à ne pas placer votre lit sous une fenêtre et à ce que votre tête ne se retrouve pas adjacent au mur de la salle de bain, car ce pourrait être des lieux néfastes.

Un autre moyen extrêmement puissant pour attirer plus d'amour dans votre vie consiste à créer ce que j'appelle un autel des relations. Dans son livre *Creating Home Sanctuaries with Feng Shui* [Créer des sanctuaires chez soi à l'aide du feng shui], mon amie Shawne Mitchell explique ceci : « Les autels ont servi de tout temps à attirer les forces les plus pures et les plus révérées, tel un paratonnerre. » Un autel des relations, tel que je le définis ici, est simplement une collection d'images et de symboles qui évoquent des sentiments d'amour en vous et qui inspirent la réussite avec votre âme sœur. Si vous planifiez d'avoir des enfants, vous pouvez inclure des photos de familles heureuses ou des symboles de fertilité. Si les voyages sont importants pour vous, exposez des images de lieux exotiques que vous aimeriez visiter avec l'être aimé. Pour moi, les papillons ont toujours représentés la créativité — une qualité que je voulais expérimenter avec mon âme sœur —j'ai donc construit mon autel de l'amour en y apposant un peu partout des photographies de papillons. J'ai aussi incorporé une icône de Krishna et Radha, qui symbolisent l'amour sacré, de même qu'une photo d'Amma (un saint indien qui s'est avéré jouer un rôle clé dans la manifestation de mon âme sœur).

La création d'un autel des relations vise deux objectifs. D'abord, c'est un joli apport visuel dans votre maison ou votre chambre à coucher. Ensuite, et de façon plus importante, il sert de référence pour vous aider à clarifier et à attirer exactement ce que vous attendez d'une relation. Évidemment, c'est vous qui décidez si vous voulez un autel tout simple ou élaboré et si vous le voulez à un endroit passant de votre maison ou dans l'intimité de votre chambre à coucher. Inspirez-vous des suggestions suivantes, mais faites les choses à votre manière en laissant libre cours à votre créativité.

Dresser un autel des relations

✓ *Utilisez* le bagua de la page 77 pour situer le coin Mariage et Relations de votre maison ou de votre chambre à coucher, et aussi l'emplacement de votre autel dans un endroit tranquille où il ne sera pas encombrant.

✓ *Choisissez* une nappe qui correspond à l'espace dont vous disposez. Une jolie écharpe convient pour couvrir une table basse.

✓ *Décorez* votre autel avec des photos, des symboles, des sculptures ou des statues qui évoquent des sentiments d'amour et qui représentent le type de relation engagée que vous recherchez. Ajoutez des chandelles rouges ou roses et des fleurs fraîches.

✓ *Pensez* à faire encadrer votre carte aux trésors (décrite dans le chapitre 1) et suspendez-la directement au-dessus de votre autel. Doublez ainsi la puissance énergétique !

N'oubliez pas de vous amuser en cours de processus. Personnalisez le projet en choisissant des couleurs, des textures, des images et des articles qui vous tiennent à cœur.

• • •

En suivant les suggestions de ce chapitre — mettre de l'ordre, purifier l'énergie de votre foyer et recourir aux principes séculaires du feng shui pour stimuler le courant d'énergie vitale partout dans votre habitat — vous transformez votre foyer en un lieu limpide, accueillant et attrayant où l'amour pourra s'épanouir. Chaque jour, passez un moment spécial dans la gratitude et le silence pour apprécier l'espace que vous avez créé et imaginer votre cœur touchant énergétiquement celui de votre âme sœur.

J'espère que vous avez maintenant trouvé l'inspiration pour transformer votre foyer en un lieu que je j'aime qualifier de « nid douillet où atterrir ». Cela se rapporte à la fois au milieu physique de notre maison et à l'espace émotionnel dans notre cœur. Un nid douillet où atterrir, voilà ce que nous recherchons en fin de compte dans une relation intime. En créant immédiatement dans votre foyer un espace où vous pouvez vous retirer, vous vous donnez à vous-même, d'une façon très concrète, ce que vous désirez dans une relation. Votre nid douillet peut être un endroit aussi simple qu'un gros fauteuil confortable dans le coin d'une pièce ou un invitant hamac pour deux sous un arbre dans votre cour. Retrouvez-vous dans cet espace quotidiennement pour centrer votre attention sur votre intention d'attirer le GRAND AMOUR, pour lire votre liste de qualités recherchées (dont je vous parlerai dans le chapitre 5), ou pour dire la prière suivante que j'utilise tous les jours et que j'ai partagée avec des centaines de personnes de par le monde. Quand vous la récitez, assurez-vous d'être dans un état calme et d'offrir simplement votre gratitude pour ce que vous avez déjà acquis. Allumez une chandelle, étendez-vous dans votre superbe grand lit et ressentez votre foyer, votre vie et votre cœur comme un nid douillet où votre âme sœur atterrira. Laissez chaque mot résonner en vous en la lisant à haute voix :

Prière quotidienne pour la manifestation de l'âme sœur

Dieu/Déesse et Tout-Ce-Qui-Est,
En ce moment, je sens de la gratitude
car mon cœur est guéri
de tout de qui m'empêcherait
de rencontrer mon âme sœur.
En ce moment, je me rappelle que
mon partenaire idéal vient vers moi
et que mon unique tâche est de m'abandonner
dans la conscience parfaite que le cœur de mon âme sœur
a déjà rejoint le mien pendant que je
« savoure l'attente ».
Ainsi soit-il.

CHAPITRE 4

Vivre comme si

...

M'aimez-vous parce que je suis belle,
Ou suis-je belle parce que vous m'aimez?

Cendrillon

Dans le film *Conversations avec Dieu,* le personnage de Neale dit à Dieu : « Je ne désire que récupérer ma vie », ce à quoi Dieu répond : « Tu ne peux *avoir* tout ce que tu *désires.* » Un long dialogue s'ensuit où Dieu explique à Neale qu'en « désirant » quelque chose (ou quelqu'un), tout ce qu'on obtient c'est l'expérience et le sentiment du « désir ».

Comprenez-moi bien. Je sais que vous *désirez* rencontrer votre âme sœur — c'est un fait. En réalité, le désir que vous éprouvez est une force puissante qui déclenche le processus de la manifestation. Mais si ce que Dieu a dit à Neale est vrai — que le désir ne produit que davantage de désir — dès que nous savons exactement ce que nous voulons, nous devons apprendre à modifier cet état de désir en un état de possession. En termes simples, il s'agit de vivre *comme si.*

Vivre comme si exige que vous sortiez de votre réalité actuelle pour entrer dans la réalité que vous souhaitez vivre. Vos gestes quotidiens doivent refléter votre croyance que votre âme sœur existe et qu'elle vit déjà avec vous. Le meilleur exemple de ce principe m'a été raconté par une actrice (dont je ne peux malheureusement révéler l'identité puisqu'elle m'a fait jurer de garder le secret). Dès qu'elle a su clairement qu'elle était prête à partager sa vie avec quelqu'un, elle s'est mise à vivre comme si ce partenaire faisait déjà partie de sa vie. Elle faisait jouer de la musique qui selon elle lui plairait ; elle portait de jolies robes de nuit plutôt que ses habituels t-shirts et vêtements en molleton. Chaque matin, elle avait l'impression qu'ils se levaient et commençaient leur journée ensemble et chaque soir au dîner, elle allumait des chandelles et dressait un couvert pour lui à la table. Finalement, il est arrivé. Elle avait envoyé un message clair à l'Univers et l'Univers lui a livré la marchandise.

D'accord, vous n'avez peut-être pas envie de mettre un couvert pour deux chaque soir au dîner, mais commencez à penser à ce que vous pourriez faire pour générer le sentiment que vous partagez déjà votre vie avec l'être aimé. Par exemple, procurez-vous des billets pour un concert ou une pièce de théâtre qui aura lieu dans plusieurs mois, avec l'intention d'y assister en compagnie d'une personne épatante. Ou encore, la prochaine fois que vous achèterez des cartes de souhaits, choisissez-en quelques-unes qui conviendraient pour souligner le jour de naissance de l'être aimé ou l'anniversaire de votre relation, avec la certitude que ce moment arrivera bientôt.

Y a-t-il des accessoires domestiques que vous attendez d'acquérir (ou que vous espérez recevoir en cadeaux de mariage) ? Achetez-les maintenant ! Si vous aviez la certitude absolue que votre prince ou votre princesse allait passer votre porte dans quelques mois ou semaines, que devriez-vous faire pour que votre foyer soit prêt ? Achèteriez-vous des draps, des serviettes ou de la vaisselle? Nettoieriez-vous votre salle de bain? Feriez-vous un jardin? Vous saurez que votre âme sœur n'est vraiment, vraiment, pas très loin quand votre priorité sera de lui faire de la place dans tous les domaines de votre vie.

Je me souviens de l'achat de mon premier condo. J'étais dans la trentaine et je me sentais plutôt en conflit, car j'avais toujours imaginé que j'acquerrais ma première maison avec mon mari. Toutefois, du point de vue financier c'était une bonne période pour moi pour investir dans un domicile; je savais donc que je devais aller de l'avant. Les premières nuits, il m'a été difficile de dormir là, toute seule; j'étais triste et je ressentais un manque. J'étais certainement davantage dans un état de *désir* que de *possession*. Consciente que cet état d'esprit ne me servait pas, j'ai décidé de transformer mon nouveau foyer en « palais de l'amour » qui éveillerait des sentiments d'amour, de chaleur, de passion et l'attente joyeuse de mon bien-aimé chaque fois que j'entrerais chez moi. J'ai fait peindre toutes les pièces — incluant les plafonds — en un doux rose pastel et les ai agrémentées de plantes luxuriantes et de meubles blancs spacieux dans lesquels je pouvais me caler confortablement. Mon foyer a alors perdu son ambiance froide et vide et est devenu un nid confortable et invitant dans lequel j'étais fière de me réveiller et encore plus fière de partager avec quelqu'un.

Quand vous vivez comme si ce que vous voulez est déjà une réalité, vous gagnez une autre perspective sur

> L'amour arrache les masques sans lesquels nous craignons de ne pas pouvoir vivre et derrière lesquels nous savons que nous sommes incapables de le faire.
>
> *James Baldwin*

votre vie. Dans les années 1970, à l'époque où le mouvement du potentiel humain commençait tout juste à émerger, les recherches ont révélé que le système nerveux humain ne reconnaissait aucune différence entre un événement réel et un événement imaginé. En évoquant comment vous vous sentiriez de partager votre vie avec une personne, non seulement vous modifiez votre état d'esprit, mais également votre attitude et votre position ; vous êtes même guidé vers de nouveaux comportements. Juste par amusement, faites l'expérience suivante. Pensez à une qualité positive que vous aimeriez exprimer plus souvent — ce peut être l'assurance, la patience, le charme ou l'humour. Pensez ensuite à une personne (ce peut être quelqu'un que vous connaissez, par exemple, un ami ou une amie ou encore un membre de votre famille, ou que vous ne connaissez pas, comme une célébrité) qui illustre vraiment cette qualité. Respirez profondément et imaginez que vous devenez physiquement cette personne et que vous considérez maintenant le monde avec ses yeux. Vous voyez le monde à travers le filtre des pensées et des croyances de cette personne. Vous apparaît-il différent ? Si vous étiez constamment dans cet état d'esprit, seriez-vous inspiré pour agir différemment ?

L'intervalle de temps que vous passez à attendre que se manifeste la présence de votre âme sœur vous offre une bonne occasion d'autoréflexion. Considérez ceci : si votre âme sœur avait la faculté de voir votre vie présentement, ce qu'elle observerait vous satisferait-il, tous les deux ? Commencez à vivre dès aujourd'hui comme si votre âme sœur était déjà là. C'est le secret pour mettre en marche la Loi de l'Attraction ! Si vous saviez pour sûr que votre âme sœur était sur le point d'entrer dans votre vie, il est fort probable que vous tenteriez de vous présenter sous un meilleur jour que vous ne le faites actuellement — pourquoi donc attendre l'arrivée de cette personne pour le faire ? Pensez non seulement à ce que vous faites tel ou tel jour, mais aussi à la manière dont vous vous présentez devant les autres. Il est temps de cesser de vous plaindre que « tous les bons partis sont déjà pris » et d'arrêter illico de faire référence à vous-même comme « célibataire endurci », « vieille fille », ou en d'autres termes dérogatoires semblables. N'oubliez pas que vous allez attirer une personne qui correspondra sur le plan énergétique au niveau d'estime de soi que vous entretenez envers vous. Si vous avez des comportements que vous souhaiteriez cacher à votre futur amour, mettez-y fin. Cela peut vouloir dire d'abandonner votre obsession à propos de votre ex, ou vos relations sexuelles avec des partenaires occasionnels.

Six mois avant de rencontrer mon âme sœur, j'ai connu un homme que j'appellerai Bill. Nous avions une chimie très intense, mais j'ai su dès notre premier rendez-vous qu'il n'était pas « la bonne personne ». J'avais beaucoup entendu parler de sa réputation de « joueur » et je savais que je ne voulais pas gaspiller mon temps et mon énergie avec lui. Mais Bill était très charmant et mignon, et il semblait apparaître chaque fois que je sortais avec des amis. Bill s'est montré clairement intéressé à vivre une aventure avec moi et il a flirté avec moi comme ce n'est pas possible. Bien des fois j'ai presque dit oui… puis je me rendais compte que l'Univers me mettait à l'épreuve. Dire oui à Bill aurait été comme dire oui à une coupe glacée au chocolat chaud pendant une diète. Cela aurait été momentanément agréable, mais je l'aurais aussitôt regretté. J'ai plutôt choisi de « savourer l'attente » et de me concentrer sur l'attraction de mon âme sœur au lieu de perdre de vue mon désir ultime. Cela n'a pas été facile, mais j'étais vraiment fière de moi de ne pas avoir cédé à la tentation.

Je veux souligner un point ici. La technique qui consiste à vivre comme si, ne doit pas être appliquée comme un pansement adhésif pour couvrir des sentiments de dépression — cela ne ferait qu'engendrer le déni. Il est important d'admettre que vous connaîtrez parfois des périodes de découragement ou de déprime du fait que votre désir ne soit pas assouvi. Je vous recommande de laisser émerger ces sentiments lorsqu'ils vous atteignent. Pendant cinq minutes, vivez totalement votre déprime. Imaginez-vous au fond du trou le plus profond, le plus noir et le plus froid. Puis, épanchez votre malheur et la vacuité de votre vie dans votre journal ou à haute voix. Laissez-vous aller complètement. Pour ajouter plus d'intensité, faites-le tout en vous regardant dans un miroir. Je prédis que vous pourrez à peine vous tolérer pendant cinq minutes et que vous serez vite disposé à adopter un état d'esprit plus productif. Après avoir purgé votre tristesse, installez-vous devant un film divertissant avec l'intention de vous remplir d'amour, d'espoir et de confiance. Voici quelques-unes de mes histoires sentimentales préférées : *Une jolie femme, Éclair de lune, Réellement l'amour* et le classique *Quelque part dans le temps.*

N'oubliez pas que le procédé d'attraction de votre âme sœur est le magnétisme. Quand vous choisissez de vivre comme si votre âme sœur faisait déjà partie de votre vie, vous envoyez un signal irrésistible à l'Univers signifiant que vous êtes prêt *maintenant.* Pas un signal qui dit que vous serez bientôt prêt — quand vous travaillerez moins, que votre maison sera propre et que vous aurez perdu trois kilos ! Rappelez-vous la célèbre réplique du film *Jusqu'au bout du rêve,* sorti en 1989 et mettant en vedette Kevin Costner : « Si tu le construis, il viendra. » Vivre comme si, c'est comme allumer une lumière dans votre cœur. C'est la lumière sur laquelle se guidera votre amour pour naviguer jusqu'à votre porte.

Voici une conscientisation du sentiment qui vous montrera comment allumer votre lumière intérieure afin de donner un signal clair à l'Univers indiquant que vous êtes prêt à recevoir l'amour qui vous appartient déjà.

Conscientisation du sentiment
Allumer la lumière de votre cœur

Fermez doucement les yeux et inspirez par le nez; sentez que vous évacuez tout le stress de la journée. Tout en inspirant et en expirant lentement, recentrez-vous dans votre corps et laissez s'atténuer votre bavardage mental. Accordez-vous la permission de vous abandonner complètement à ce moment.

À mesure que vous devenez plus calme, plus détendu et plus paisible, rappelez-vous une fois où vous vous êtes senti aimé ou apprécié. Ce peut être un moment aussi simple que lorsque vous avez regardé dans les yeux un bébé, un petit animal, un ami ou une amie que vous aimez beaucoup. Laissez-vous imprégner par ces sentiments d'amour et d'appréciation… et simultanément, dirigez votre attention sur votre cœur; remarquez qu'il prend de l'expansion. Respirez le souvenir de ces sentiments d'amour et d'appréciation et amenez-les autour et dans votre cœur.

Imaginez maintenant que ces sentiments d'amour et d'appréciation que vous éprouvez vous permettent de repérer votre lumière personnelle intérieure. Elle est parfaite, peu importe l'aspect sous lequel elle vous apparaît. Peut-être la verrez-vous sous forme d'un interrupteur, d'un flambeau, d'une lanterne ou même d'un GPS. Peut-être percevrez-vous une sensation de picotement ou de chaleur. Peu importe l'idée qui vous vient en tête, sachez que vous possédez une lumière intérieure au niveau du cœur. Visualisez-la présentement; sentez-la… approchez votre main et allumez-la. Inspirez jusqu'au niveau du cœur, tout en continuant de vous rappeler les sentiments d'amour et d'appréciation, et permettez-leur de s'intensifier.

Tout en laissant ces sentiments s'infiltrer en vous, laissez tomber tout doute et toute pensée que vous êtes dans votre imaginaire.

Maintenant que vous êtes fortement concentré sur votre lumière intérieure, imaginez que vous pouvez propager ces sentiments d'amour et d'appréciation dans le monde — à chaque homme, chaque femme, chaque enfant, chaque dauphin, chaque oiseau, à tout être sensible. Exercez-vous à transmettre votre amour le plus pur au monde et, ce faisant, tout en allumant votre lumière intérieure, sachez que vous adressez un signal au cœur de votre âme sœur pour lui faire savoir que vous voulez l'attirer dans votre univers.

Continuez de percevoir cette lumière qui émane de votre cœur, imprégnée de confiance et de certitude; voyez-la qui comble l'espace autour de votre corps et qui rayonne tout autour de vous… Aspirez cette lumière, ce sentiment d'amour, et continuez de la propager partout dans l'Univers.

Plongez-vous dans la certitude que votre âme sœur a été touchée, dès maintenant, par l'énergie de votre cœur. Aspirez la profonde certitude qu'elle vient vers vous. Ayez la conviction que chaque cellule de votre être sait à présent que votre âme sœur est en route.

Vous n'avez pas besoin de savoir quand, où et comment la rencontre aura lieu… Concentrez-vous sur le *oui* :

votre âme sœur s'en vient vers vous. Laissez cette pensée esquisser un sourire sur vos lèvres.

Dites-vous qu'il est sage de laisser votre lumière intérieure allumée. Assurez-vous que vous êtes aimé, protégé et prêt. Rappelez-vous que vous avez beaucoup d'amour à donner et beaucoup d'amour à recevoir. De plus, sachez qu'en vivant comme si votre âme sœur était déjà avec vous, vous pouvez offrir votre amour à toutes les personnes que vous rencontrez. À chaque pensée amoureuse, votre lumière intérieure rayonne avec une ardeur et une clarté accrues.

Quand vous le voulez, ouvrez les yeux en pensant de garder aussi votre cœur ouvert.

• • •

Pour attirer dans votre vie une personne qui vous aimera, vous chérira et vous adorera, vous devez d'abord devenir votre plus grand admirateur. Alors, si vous souhaitez attirer quelqu'un qui vous fera la cour, commencez par vous faire vous-même la cour! Si vous avez hâte au jour où vous aurez dans votre vie une personne spéciale avec qui partager les joies et les aventures, créez-vous tout de suite de joyeuses aventures. Avant de connaître Brian, j'imaginais parfois que mon âme sœur et moi allions apprendre ensemble à faire de la plongée sous-marine. Finalement, j'en ai eu assez d'attendre et je me suis inscrite à un cours. Mon certificat en poche, j'ai planifié un grand voyage pour faire de la plongée dans les Caraïbes avec un groupe de femmes que j'avais rencontrées dans le cours. Dès que j'ai mis mon projet à exécution, un homme avec qui je sortais à l'occasion depuis quelques semaines, a soudain démontré un intérêt intense pour moi, remuant ciel et terre pour faire ce voyage avec moi.

Même si cet homme ne s'est pas révélé «la bonne personne», sa façon de réagir à ma décision a été pour moi une confirmation que j'étais sur la bonne voie. Vivre comme si, est une déclaration à l'Univers que vous refusez de remettre à une époque lointaine dans le futur vos moments de joie. Plus vous vivez chaque jour comme si vous étiez déjà profondément et passionnément amoureux, plus l'amour vous trouvera facilement.

CHAPITRE 5

La liste

. . .

Un jour, quand nous aurons maîtrisé les vents,
les vagues, les marées et la gravitation,
nous exploiterons l'énergie de l'amour.
Alors, pour la seconde fois dans l'histoire
du monde, l'homme aura découvert le feu.

Pierre Teilhard de Chardin

Quand vous entrez dans votre café favori, que faites-vous en premier ? Vous passez votre commande, bien sûr ! Avec assurance, vous demandez à la *barista* : « Je vais prendre un grand moka latte, moitié déca, faible en gras, avec un peu de sirop de vanille sans sucre, pour emporter. » La *barista* sourit, note votre commande à côté d'une tasse et prend votre argent. Quelques minutes plus tard, vous sortez du café avec votre délicieuse tasse de café précisément commandée.

Commander une âme sœur à l'Univers fonctionne de la même manière. Le résultat n'est pas toujours aussi instantané, mais il peut être tout aussi précis. Et voici la clé pour activer pleinement les pouvoirs de manifestation de l'Univers : passer *clairement* votre commande.

Évidemment, passer une commande pour obtenir l'amour de sa vie exige un peu plus de réflexion que pour votre café préféré. Pour le faire correctement, vous devez d'abord explorer votre cœur pour savoir ce que vous désirez vraiment. Je suis certaine qu'à ce stade vous savez ce que vous *ne voulez pas* d'un ou d'une partenaire. Cependant, pour attirer votre âme sœur, ce n'est pas la marche à suivre. Vous devez demander ce que vous *voulez*. Et plus votre demande sera claire et précise, plus il sera facile pour l'Univers de répondre à votre appel.

Il est maintenant temps de penser intensément et honnêtement aux buts, désirs, goûts et préférences qui vous sont uniques. À mesure que se précisera ce qui est vraiment important pour vous dans chaque domaine de votre vie, vous commencerez à émettre un signal fort et constant qui attirera à vous l'âme sœur dont les valeurs et les buts sont similaires aux vôtres. Si toutefois vous vous permettez de rester trop longtemps dans l'ambiguïté ou si vous tombez dans le piège de « conserver toutes vos chances », peut-être dérouterez-vous la personne qui reçoit les commandes cosmiques concernant vos désirs véritables.

Récemment j'ai servi de guide à Colleen, une dame de 45 ans qui avait passé la plus grande partie de sa vie adulte à chercher l'âme sœur. J'ai commencé par tenter de lui faire dire exactement ce qu'elle recherchait chez un homme et quel style de vie elle envisageait de créer avec lui. Je lui ai posé ce qui me paraissait une question plutôt directe — voulez-vous des enfants? — à laquelle, étonnamment, elle n'arrivait pas à me fournir une réponse claire. Après avoir approfondi ce sujet, j'ai découvert que l'idée d'élever les jeunes enfants de quelqu'un d'autre ne lui plaisait pas vraiment, mais qu'elle avait l'impression que si elle n'était pas prête à faire des compromis, elle réduisait ses chances de rencontrer une personne du même âge ayant des intérêts similaires. D'une part, elle savait que le mode de vie qu'elle visait n'incluait pas d'enfants, mais d'autre part elle craignait de l'admettre. Selon vous, le signal qu'elle transmettait à l'Univers était-il clair ? En évitant d'affirmer clairement ses choix, non seulement Colleen compromettait ses désirs, mais elle faisait en sorte qu'il devenait extrêmement compliqué pour l'Univers de lui apporter le bon parti.

LES COMPROMIS ET
LES SITUATIONS INADMISSIBLES

En dînant avec mon mari, Brian, l'autre soir, je me suis mise à lui parler du récent rendez-vous surprise de mon amie Roberta. Apparemment, son cavalier avait un comportement très déplaisant dont il ne semblait pas du tout conscient. Selon Roberta, il faisait constamment d'étranges bruits de succion avec sa bouche, même quand il ne mangeait pas. En entendant cette histoire, Brian a levé la tête, posé sa fourchette et m'a regardée droit dans les yeux. « Eh bien », a-t-il dit sans ambages : « *c'est* une situation inadmissible. »

Chacun de nous possède un ensemble de préférences et de critères, et ce qui est tout à fait acceptable pour une personne peut s'avérer une situation inadmissible pour une autre. Dans toute relation, on doit s'attendre à un certain degré de compromis, mais je ne suis pas en train d'insinuer que vous et votre âme sœur vivrez heureux jusqu'à la fin de vos jours sans devoir faire un seul ajustement. Composer avec les besoins de l'autre et s'y adapter fait partie de notre croissance individuelle et comme couple. Cependant, si vous vous apercevez que pour être avec quelqu'un en particulier, vous devez compromettre une ou plusieurs de vos valeurs fondamentales, je vous dirais que cette personne n'est probablement pas pour vous. Si vous savez que vous voulez des enfants à tout prix et que vous rencontrez une personne qui n'en veut absolument pas, voilà une situation inadmissible. Le fait de dresser votre liste de qualités recherchées constitue un bon moyen d'établir clairement vos valeurs importantes. N'oubliez pas, plus vous savez ce que vous voulez, plus il vous sera facile de reconnaître votre âme sœur.

*

DIEU EST DANS LES DÉTAILS

Quand vous savez exactement sur quoi vous êtes prêt ou non à faire des compromis, vous pouvez créer votre liste. Commencez en songeant aux aspects de votre vie que vous avez hâte de partager avec votre âme sœur, aux choses que vous êtes pressé de faire ensemble et aux sentiments que vous aimeriez éprouver en sa présence. Voici des questions précises ; vos réponses vous fourniront de l'information essentielle, utile pour établir et peaufiner votre liste.

1. Comment aimerais-je me sentir le matin en me réveillant aux côtés de mon âme sœur ?

2. Quel genre de vie allons-nous mener? Sommes-nous tous les deux des bourreaux de travail, des téléphages, ou un peu des deux?

3. Comment passerons-nous nos week-ends? Dans les sentiers pédestres de la région, au cinéma, à des événements culturels, ou autour de la maison?

4. Avons-nous ou voulons-nous des enfants? Ai-je envie d'accepter les enfants de quelqu'un d'autre dans ma vie?

Confier à l'Univers les qualités que vous recherchez chez une âme sœur s'apparente à taper un mot-clé dans un moteur de recherche Internet. Plus vous donnez de précisions, plus vous avez de chances d'obtenir exactement ce que vous cherchez. Vous passez une commande très précise à l'Univers; ainsi, en dressant votre liste, assurez-vous d'inclure deux critères importants:

1. Mon âme sœur est célibataire, hétéro/homo (oui, vous devez être aussi précis) et libre pour s'engager à long terme dans une relation amoureuse saine (ou se marier, si c'est ce que vous désirez).

2. Mon âme sœur vit à tant de km de chez moi ou acceptera de déménager.

L'amour est le triomphe
de l'imagination sur
l'intelligence.

H. L. Mencken

Si vous acceptez de déménager pour vous rapprocher de votre âme sœur, mais que vous tenez à vivre dans une région ou un pays en particulier, spécifiez-le aussi.

Je connais des gens qui ont créé des listes de qualités recherchées et qui ont ensuite rencontré la personne de leurs rêves — pour découvrir après coup qu'elle avait une orientation sexuelle différente ou vivait à l'autre bout du monde. J'avais une amie — appelons-la Lori — qui était certaine d'avoir trouvé l'amour de sa vie. Il correspondait à tous les critères de sa liste, sauf qu'il était gai. Elle était tellement amoureuse de lui qu'elle était convaincue qu'elle pouvait le changer. Bien sûr ce n'était pas le cas et elle n'a pas réussi, mais cela lui a pris beaucoup de temps avant de finalement abandonner. J'ai aussi connu une femme qui a attiré son âme sœur parfaite, sauf qu'elle était confortablement installée à Dayton, en Ohio, et qu'il vivait à Sydney, en Australie. Je veux souligner par ces exemples à quel point il est essentiel de faire preuve de clarté et de précision quand vient le temps de demander à l'Univers de vous envoyer votre âme sœur.

Évidemment, il ne faut pas pousser trop loin cette précision. J'ai connu une femme qui avait une idée si précise du type d'homme qu'elle voulait épouser qu'elle refusait littéralement tout rendez-vous avec quiconque avait un tour de taille de plus de 80 centimètres! Elle est devenue obsédée par ce détail particulier et se fermait à tout ce qui ne lui correspondait pas. Au fait, cette femme a fini par se retrouver avec un homme qui satisfaisait ce critère très spécifique. C'était un pingre qui se rongeait les ongles, mais son tour de taille faisait 80 centimètres. Il est beaucoup plus important de préciser les qualités intérieures que vous voulez voir chez un ou une partenaire que de tenir fermement à quelqu'un qui possède une certaine caractéristique physique. Il y a des exceptions à cette règle, bien sûr, et il peut arriver qu'un trait physique vous aide à reconnaître votre âme sœur quand vous la rencontrez.

La première fois que j'ai créé ma liste de qualités, elle était très longue — elle comptait à peu près 48 caractéristiques. L'une des choses qui a sorti spontanément quand j'ai posé mon crayon sur la feuille, c'était que mon âme sœur aurait les cheveux gris. Je n'ai jamais vraiment compris pourquoi — surtout que les cheveux gris n'avaient jamais eu d'importance pour moi jusque-là — mais j'avais tout simplement cette idée que sa chevelure aurait cette couleur. Évidemment, quand j'ai rencontré Brian, non seulement il avait les cheveux gris (depuis la jeune trentaine, en fait), mais il possédait aussi toutes les qualités énumérées dans ma liste, à l'exception de deux : il n'était pas juif et il ne cuisinait pas. Mais après tout, ces deux caractéristiques n'étaient pas des situations inadmissibles puisque je ne suis pas une juive pratiquante et, je vous l'assure, nous n'avons jamais manqué un seul repas.

DÉLAISSEZ VOS ATTENTES

Les Rolling Stones l'avaient compris il y a quelques décennies : «You can't always get what you want» [On ne peut pas toujours avoir ce qu'on veut]. Il faut parfois laisser tomber ce que nous pensons vouloir et faire de la place pour que l'Univers nous envoie ce dont nous avons besoin. La différence est subtile entre la définition précise de ce que nous voulons (amour, bonheur, satisfaction) et l'attachement rigide à nos désirs (je dois le rencontrer avant la Saint-Valentin, il doit mesurer au moins 1 mètre 80 et avoir les yeux bruns). Le récit suivant est un beau témoignage qui montre ce qui peut se produire quand nous délaissons nos attentes et abandonnons notre besoin de gérer tout l'Univers.

L'histoire de Kathi
Le trou noir de mes attentes

Trois ans après la fin de mon premier mariage, je n'avais pas encore trouvé mon partenaire parfait et j'étais toujours seule. J'acceptais et donnais des rendez-vous, j'allais à des lunchs agréables et à des dîners merveilleux, mais aucun homme ne satisfaisait mes attentes. J'étais remplie d'un désir qui me donnait une sensation de vide et d'isolement. J'étais dans la mi-trentaine et le temps filait. Je voulais des enfants.

J'ai tenté plusieurs choses pour accélérer le processus. Une voyante m'a dit que le nom de mon futur partenaire commençait par un B. Pendant quelques années, j'ai reluqué avec espoir divers Bill et Bob, mais aucun n'était mon âme sœur. J'ai fait une liste des dix qualités essentielles de mon partenaire idéal — je me rappelle que «bon compagnon» venait en tête — et je l'ai collée sur mon frigo, où elle a jauni, s'est déchirée, avant de tomber et de se perdre. J'ai pratiqué le célibat un bout de temps, ainsi que le yoga, et me suis inscrite à des retraites spirituelles.

Puis, deux choses sont arrivées. Je me suis habituée à passer du temps toute seule et je me suis mise à l'apprécier davantage. Et j'ai assisté à un mariage.

À la réception, la mariée, une jeune stagiaire à la station de télévision où je travaillais, m'a spontanément invitée à me joindre à la lune de miel en groupe, au Mexique. Un avion avait été nolisé et un siège venait de se libérer. Je pouvais me joindre au groupe à une fraction du prix courant et profiter d'une charmante escapade à Puerto Vallarta, la magnifique station balnéaire où Elizabeth Taylor et Richard Burton s'étaient courtisés durant le tournage de *La nuit de l'iguane*. J'ai décidé d'y aller sur un coup de tête.

Cela a été un désastre. Je n'arrivais pas à suivre ces jeunes dans la vingtaine en quête de plaisir, qui semblaient déterminés à tout prix à s'autodétruire — ne dormant jamais, fumant cigarette sur cigarette, et buvant plus que je ne le pouvais. Ils ont dansé toute la nuit en riant de blagues d'initiés que je ne comprenais pas. Alors je me suis retirée tôt et j'ai passé seule les journées et les soirées suivantes, à me sentir vieille et triste.

Mon sentiment d'isolement a culminé le dernier soir tandis que je marchais sur la plage au coucher du soleil et que je me suis retrouvée assise sur un muret de pierre, m'imprégnant de toute cette beauté. Entourée de couples et d'amoureux en lune de miel, j'étais malheureuse et je me sentais abandonnée. Assise là, j'ai une fois de plus imaginé mon mystérieux M. B, traçant dans mon esprit sa silhouette à côté de moi sur ce muret. Cette image m'a réconfortée un moment. Je pensais : *Si seulement il pouvait être là près de moi, je me sentirais alors complète. Je serais heureuse.*

Soudain, alors que je me retournais pour regarder mon partenaire imaginaire, ma sensation de réconfort a disparu. La forme d'un homme que j'imaginais tracée en blanc à côté de moi s'est changée en trou noir. À cet instant, je me suis rendu compte que personne ne pouvait combler cette forme idéale que j'avais construite.

À l'extérieur du trou noir, les couleurs du soleil couchant m'enveloppaient. J'ai pris conscience que si je n'étais pas capable d'être assise là, dans cette beauté et cette paix extraordinaires, et d'être heureuse toute seule dans cette expérience, personne ne pourrait le faire pour moi. Et si B ne pouvait me rendre heureuse, je le lui reprocherais, et alors je ne serais plus amoureuse comme cela s'était déjà produit par le passé.

Ce moment de révélation, dans le crépuscule du soir, a changé ma vie en ce sens que mes attentes ont changé. Je les ai laissées tomber. Peu de temps après mon retour à la maison, j'ai obtenu un rôle dans une pièce de théâtre aux côtés d'un homme appelé Byron. Nous nous étions rencontrés en 1985, l'année où je m'étais séparée de mon mari. À cette époque, déjà il m'aimait bien et m'avait même écrit pour m'inviter à sortir avec lui, mais je n'avais pas répondu à sa lettre. Je ne l'avais pas vraiment remarqué parce qu'il ne correspondait pas à mon image de l'homme idéal.

Ayant délaissé mes attentes concernant l'identité et l'apparence de mon partenaire parfait, j'ai pu apprécier le trésor que Byron constituait. Après avoir consacré huit années à mieux nous connaître l'un l'autre, mon cher et adorable M. B et moi nous sommes mariés en 1996. Ce mariage, pour lequel je m'étais tant battue, a été l'une des plus grandes victoires et capitulations pour chacun de nous. Récemment, j'ai retrouvé la feuille jaunie que je croyais perdue depuis des années : ma liste des dix qualités essentielles de mon partenaire idéal. J'ai été surprise de constater comme elle décrivait bien Byron. Non seulement a-t-il été mon compagnon au théâtre, mais il est toujours mon meilleur compagnon dans la vie.

CRÉER VOTRE LISTE
DE QUALITÉS RECHERCHÉES

Pour démarrer, lisez la liste des caractéristiques fournie ci-dessous pour vous inspirer. Toutefois, ne notez que celles qui sont vraiment importantes pour vous. Si vous avez de bons souvenirs d'anciennes amours (peut-être êtes-vous encore amis), pensez aux qualités que vous chérissiez chez ces personnes. Vous y trouverez peut-être des indices du type de personne que vous êtes prêt à accueillir maintenant. Prenez tout le temps nécessaire pour créer votre liste — aussi longue ou aussi courte que vous le voulez.

A de bonnes relations (avec sa famille, ses enfants, son ex, etc.)

A du succès

A une bonne écoute

Adorable

Affectueux

Aime (ajouter un mot – les chats, les chiens, les voyages, le chant, etc.)

Aime (cuisiner, jouer au golf, le saut à l'élastique, etc.)

Ambitieux

Amoureux

Amusant, drôle

Articulé

Attentionné

Attirant

Autonome

Beau

Bien nanti

Capable d'exprimer ses émotions

Centré sur la famille

Charismatique

Créatif

En bonne santé

Enjoué

Enthousiaste

Flexible

Généreux (de son argent, de son temps, de son attention, etc.)

Heureux

Intelligent

Ouvert à la
spiritualité (ou
fréquente une église,
un temple, une
mosquée, etc.)

Prévenant

Sensuel

Solidaire (dans votre
carrière, vos rêves,
votre entraînement
sportif, etc.)

Talentueux

Tendre

Voici une liste créée récemment par une de mes amies :

Les 20 qualités que je souhaite chez mon âme sœur (en vrac) :

A du succès

A le sens de l'humour

Accommodant

Affectueux

Bien nanti

Bon communicateur

Chimie physique et
sexuelle

Drôle

En bonne santé
physique

Émotionnellement
sain

Extrêmement aimable

Généreux

Gentil

Honnête

Idées compatibles aux
miennes

Intelligent

Reconnaissant

Séduisant

Sûr de lui

Nous avons remanié sa liste de manière à ce qu'elle se lise comme une affirmation pouvant être répétée tous les jours :

Moi, Leslie Leeds (nom fictif), remercie Dieu, la Déesse et Tout-Ce-Qui-Est pour mon âme sœur bien-aimée. Je vous suis reconnaissante qu'il soit célibataire, hétéro et libre pour s'engager dans une relation amoureuse saine qui durera toute la vie. Il vit à moins de 130 km de San Diego, en Californie, ou acceptera d'y déménager. C'est un homme intelligent, honnête et affectueux qui a une bonne santé physique et émotionnelle. C'est un homme extrêmement aimable, gentil, drôle, sûr de lui et séduisant, avec qui je partage une excellente chimie sexuelle. Il a du succès, est bien nanti, généreux et accommodant et montre sa reconnaissance quotidiennement. C'est un bon communicateur et nous menons une vie heureuse et agréable ensemble. Tout en savourant l'attente de sa venue prochaine, je me détends dans la certitude tranquille et rassurante que nous serons bientôt ensemble. Ainsi soit-il.

Maintenant, si vous étiez l'Univers, comment pourriez-vous résister à l'envie de satisfaire une aussi belle commande ? Une fois que vous avez établi votre liste, vous devriez demander à une personne de confiance de la réviser avec vous afin de vous assurer que vous n'avez rien oublié d'essentiel. Dans le cas de Leslie, puisqu'elle ne souhaite pas se marier et avoir des enfants, cela a été mis de côté. Si vous désirez l'un ou l'autre ou encore les deux, n'oubliez pas de le spécifier. Peut-être croyez-vous savoir déjà ce que vous voulez, mais dès que vous énoncez vos désirs avec clarté, précision et ressenti, vous augmentez au moins au centuple la force d'attraction magnétique entre vous et l'être aimé. En fait, le geste même de mettre par écrit les qualités que vous désirez le plus chez une âme sœur peut vous amener à prendre conscience que cette personne est plus près de vous que vous ne le pensez. C'était le cas de l'entrepreneur et auteur à succès John Assaraf.

L'histoire de John
La troisième fois est la bonne

D'aussi loin que je me souvienne, j'ai toujours voulu vivre une relation amoureuse attentionnée, honnête et pleinement satisfaisante. Durant toute mon adolescence et ma jeune vingtaine, j'ai entendu le terme « âme sœur », mais je n'ai certainement pas eu de modèle d'identification qui représentait ce genre d'amour. Tous les parents de mes amis ne semblaient pas vraiment unis, et les miens étaient davantage des partenaires domestiques que des âmes sœurs. Comme bien des gens de leur époque, ils s'étaient mariés à un très jeune âge, puisque dès qu'il était question de fréquentation et d'intimité, le mariage était l'issue incontournable. Même si j'ai reçu beaucoup d'amour durant mon enfance, ce que j'ai appris de mes parents sur les relations intimes m'a finalement coûté très cher — aussi bien sur le plan émotionnel que financier.

Mon premier mariage a été avec une fille réellement formidable. Nous nous amusions beaucoup ensemble, mais comme mes parents, nous nous sommes mariés pour les mauvaises raisons. Un an après le début de nos fréquentations, j'ai déménagé loin de Toronto, où nous nous étions rencontrés, pour mettre sur pied ma première entreprise. Pendant deux ans, elle a fait des allers-retours en avion de Toronto à l'Indiana pour que notre relation puisse continuer. Un week-end, elle m'a donné un ultimatum : à moins de nous marier, notre relation prendrait fin. À partir de là, et m'appuyant sur ma croyance que c'était la bonne chose à faire, j'ai accepté et nous nous sommes mariés. C'est alors que tout a changé. Jusque là notre relation avait été plutôt superficielle et nous n'avions jamais abordé les sujets importants sur la vie, nos intentions, nos ambitions ainsi que nos objectifs et nos rêves personnels. Et pourtant nous avons plongé dans le mariage comme les personnages d'un film. Tandis que je bâtissais mon entreprise et que je travaillais 80 heures par semaine, elle s'ennuyait à mourir. De plus, puisqu'elle était citoyenne canadienne elle ne pouvait travailler aux États-Unis. Après deux années passées à tenter désespérément de faire fonctionner ce mariage et à me faire croire que j'essayais, j'ai décidé qu'il valait mieux nous séparer. En rétrospective, je m'aperçois que nous étions jeunes et que nous étions probablement davantage mus par le désir que profondément amoureux. L'idée de se marier nous attirait tous les deux, mais je pense que nous sommes tombés amoureux de l'idée d'être amoureux.

Presque immédiatement après notre divorce, j'ai rencontré une fille plutôt hardie, âgée 22 ans (j'en avais 30 à cette époque), avec qui j'avais énormément de plaisir. Je n'avais pas l'intention de me remarier — jusqu'à ce qu'elle tombe enceinte et que nous réalisions que nous ne voulions pas d'un enfant en dehors des liens du mariage. J'ai donc déduit que si nous avions du plaisir, nous serions aussi capables d'élever un enfant et d'avoir une bonne relation. Cela n'a pas été le cas. Presque aussitôt après le mariage et la naissance de notre premier enfant, nous avons découvert à quel point nous étions différents. Heureusement pour moi, nous avons mis au monde un autre bambin merveilleux, avant de décider d'un commun accord que même si nous avions de l'affection l'un pour l'autre et que nous voulions tous les deux élever affectueusement nos enfants, nous ne devions pas être mariés. Pour la deuxième fois, je me suis retrouvé divorcé avec l'impression que j'étais nul dans les relations.

J'avais pas mal de succès dans la plupart des domaines de ma vie, prenant ce que je croyais être les bonnes décisions, mais la recherche de mon âme sœur semblait s'apparenter à la quête du saint Graal. À cette époque, je ne me rendais pas compte que ma stratégie pour attirer l'amour et mon processus de prise de décisions avaient des lacunes. En affaires et dans d'autres domaines de ma vie, je me fixais des buts très clairs, précis et détaillés, tandis que pour mes relations je m'arrangeais avec ce que les circonstances m'apportaient.

J'ai décidé de rester célibataire le temps qu'il me faudrait pour me guérir de deux divorces et pour comprendre le rôle que j'avais joué dans l'échec de mes deux mariages. Après de longues réflexions, je me suis aperçu que dans le domaine de l'amour j'étais très immature et entêté, tout en croyant m'y connaître. En réalité, je ne savais rien de ce qu'il fallait pour être un bon partenaire et j'ignorais complètement ce que je voulais d'une âme sœur. Pour la première fois, j'ai compris à quel point ma conception de l'amour et des relations était limitée et superficielle. Je me suis aussi rendu compte que j'imitais mon père.

Cette nouvelle prise de conscience m'a amené à prendre deux décisions importantes. D'abord, j'allais allouer autant d'efforts à apprendre à être un excellent partenaire que j'en avais consacré à l'établissement de mes entreprises ; et ensuite, j'allais mettre en application la Loi de l'Attraction pour trouver ma partenaire idéale.

Un jour, tout en réfléchissant aux buts que je m'étais fixés dans la vie, j'ai rédigé une description très détaillée de l'âme sœur que je recherchais. J'ai mis tous les détails : sa personnalité, son sourire, son maintien, ses goûts, ses aversions, ses passions, son comportement sexuel, sa famille, ses croyances religieuses, ses désirs de voyages et tout ce qui pouvait représenter mon âme sœur, ma conjointe idéale. Après avoir dressé et peaufiné ma liste, je l'ai rangée dans mon dossier des objectifs et l'y ai laissée. J'avais eu confiance en l'Univers pour réaliser mes désirs dans d'autres sphères de ma vie et je ne voyais aucune raison de douter de son efficacité en amour. Autrement dit, j'avais une foi totale dans le pouvoir qui donne la vie afin de trouver mon âme sœur sans imposer mes efforts et mes délais.

Tôt un samedi matin, je faisais de la bicyclette stationnaire au gymnase en discutant avec un bon ami lorsque deux femmes superbes ont fait leur entrée. Je me suis empressé de les faire remarquer à mon ami et tous les deux nous avons blagué sur le fait que nous n'étions jamais célibataires en même temps. Laissant mon ami terminer seul sa séance d'exercices, j'ai descendu l'escalier et je me suis tout simplement présenté à cette charmante dame d'une beauté irrésistible. Nous avons bavardé brièvement et je me suis renseigné sur les restos et les activités à San Diego, puisque je venais tout juste de quitter Los Angeles pour m'y installer. Elle m'a dit qu'elle et un groupe de personnes se réunissaient presque tous les week-ends à un endroit précis sur la plage. Le week-end suivant, j'ai emmené mes deux garçons au site qu'elle m'avait décrit et devinez quoi ? Une heure plus tard, elle est arrivée. Ainsi a commencé une merveilleuse relation intermittente qui a duré six ans. Je n'étais pas prêt à m'engager dans un mariage et j'ai été très clair sur ce point dès le début.

Un jour que je fouillais dans mon dossier des objectifs, j'ai trouvé la liste que j'avais écrite quelques années auparavant pour décrire mon âme sœur parfaite. En la lisant, il m'est apparu clairement que j'avais déjà rencontré mon âme sœur sans m'en rendre compte. Ce que j'avais écrit décrivait totalement et précisément la femme avec qui je sortais. Inutile de dire que je lui ai demandé de m'épouser et heureusement, elle a dit oui. Après notre mariage, j'ai montré la liste à Maria et elle arrivait à peine à y croire. Tous les deux étions étonnés des détails et de l'exactitude de cette description. Notre relation a continué de s'épanouir au fil des ans et tous les deux nous croyons fermement à la Loi de l'Attraction

• • •

Après avoir considéré les qualités que vous trouvez importantes chez un ou une partenaire, écrivez votre liste à l'encre sur une jolie feuille de papier. À mesure que vous notez chaque mot, imaginez que vous vivez présentement avec votre âme sœur et dites merci pour sa présence dans votre vie. Imprégnez-vous de la joie, du bonheur, de la passion et de la paix que vous procure le fait de savoir que vous et votre âme sœur vous êtes enfin trouvés.

Maintenant que vous avez créé votre liste, il est important de la libérer lors d'une cérémonie sacrée. En la libérant symboliquement, vous vous détachez des détails de l'arrivée de votre âme sœur (où, quand, comment) et vous laissez l'Univers les prendre en charge. Comme l'écrit Deepak Chopra dans *Les sept lois spirituelles du succès* : «Afin d'acquérir toute chose dans l'univers physique, vous devez renoncer à votre attachement à elle. Cela ne veut pas dire abandonner votre intention de créer votre désir… mais abandonner votre attachement au résultat. »

Déterminez un moment spécial pour accomplir ce rituel — peut-être à la pleine lune ou à la nouvelle lune, un vendredi (le jour de Vénus, la déesse de l'amour) ou tout autre jour spécial pour vous. Choisissez un moment de la journée qui vous convient (j'ai choisi de libérer ma liste à midi un vendredi). Puis, décidez d'un endroit — peut-être dans votre chambre à coucher réaménagée selon l'art du feng shui, devant votre autel des relations ou dans un lieu serein dans la nature ou dans votre jardin.

Commencez en lisant votre liste à voix haute, en laissant le sentiment de chaque mot, trait, qualité et désir vous habiter. Ensuite, comme acte de foi que vos souhaits ont été entendus et qu'ils seront exhaussés, placez votre liste dans un contenant à l'épreuve du feu et brûlez-la. À mesure qu'elle se consume, sachez que vos intentions les plus profondes seront transmises à des forces invisibles qui orchestreront le moment et le lieu de votre rencontre avec votre âme sœur. Recueillez les cendres et lancez-les dans une étendue d'eau (l'océan, une rivière, un lac, etc.), ou si c'est impossible ou peu pratique, enterrez-les dans un jardin. Si vous préférez conserver votre liste pour la consulter plus tard, vous pouvez quand même la libérer symboliquement en la rangeant dans un lieu spécial.

Prenez le temps de vous asseoir, les yeux fermés, quelques minutes. Sentez votre cœur qui s'ouvre, qui grandit, confiant que vos prières ont été confiées aux pouvoirs de l'Univers. Dans le calme de votre cœur, envoyez un message à l'être aimé, lui disant que vous avez hâte de l'accueillir.

S'il ne vous plaît pas de brûler votre liste, vous pouvez la lire à haute voix ; ensuite, pliez-la plusieurs fois et attachez-la à un ballon rouge ou rose gonflé à l'hélium. Apportez le ballon dans un bel espace vert et laissez-le s'envoler. Tandis que le ballon monte haut dans le ciel, ayez conscience que vos prières s'acheminent là où elles seront entendues. Ou suivez l'exemple de mon amie Danielle et placez votre liste dans une enveloppe scellée sous votre matelas, puis savourez à l'avance le moment où vous la ferez découvrir à votre amour.

Vous avez aussi l'option de rédiger votre liste sous la forme d'une affirmation (comme l'a fait Leslie, page 118) que vous déposerez sur votre autel des relations.

La dernière phase du rituel de la liste des qualités recherchées est consacrée à une célébration privée. Il peut s'agir simplement de déguster une coupe de champagne dans un endroit élégant tout en rayonnant d'amour pour tout ce que vous voyez, ou peut-être préférerez-vous cuisiner un mets délicieux, dresser la table pour deux personnes, allumer des chandelles, mettre de la musique romantique et vous délecter dans la certitude que les rouages du destin ont été actionnés en votre faveur. Célébrez comme il vous plaît.

PERSONNALISER LE PROCESSUS

Certaines personnes trouvent un peu trop rigide ou trop rationnel d'écrire une liste de qualités recherchées chez une âme sœur. Si vous êtes d'un genre plus créatif, doté d'un esprit fantaisiste, il vous sera peut-être plus facile de puiser dans les désirs de votre cœur en coloriant, dessinant ou griffonnant les attributs de votre âme sœur. L'histoire suivante est un bel exemple d'une façon de laisser libre cours à votre créativité.

L'histoire de Gayle
Le mandala de l'amour en couleur

Décembre 1984. J'avais 27 ans et je faisais un travail créatif et stimulant avec des monteurs de films et de vidéos et des animateurs-graphistes. J'avais un beau duplex avec escalier en spirale et murs de briques intérieurs dans un secteur animé de Chicago, près du lac Michigan. Dans mes temps libres, je faisais partie d'une troupe de théâtre d'improvisation et je fréquentais un groupe d'amis qui aimaient bien s'amuser. Une vie merveilleuse, somme toute. Mais je me sentais tellement seule. Je désirais un partenaire, un homme qui partagerait ma vie. J'avais l'impression d'avoir épuisé toutes mes options. J'avais eu une rencontre à l'aveuglette avec le frère ainé d'une amie, une autre arrangée par une collègue de travail, et j'étais même sortie avec un voisin habitant dans un immeuble près de chez moi. Hélas, aucun déclic amoureux. Je me suis donc résignée à une vie de célibataire. Je serais reconnaissante pour toutes les faveurs que la vie m'apportait et je m'estimerais chanceuse même si elles n'incluaient pas l'homme de mes rêves.

Noël et le Nouvel An approchaient et j'étais sans partenaire, mais pas sans amis. J'occupais mon temps à dîner avec ma troupe d'impro et mes collègues de travail et à passer des soirées tranquilles à lire des ouvrages spirituels et à pratiquer le yoga. Tard un soir, alors que je parcourais mon horoscope, je me suis souvenue de quelque chose que m'avait dit mon astrologue à propos de la découverte de mon partenaire de vie. Elle m'avait conseillé de choisir un mandala (un dessin complexe généralement circulaire, incorporant diverses formes) et de colorier chaque petite partie avec des crayons ou des marqueurs de couleur, tout en chantonnant et en méditant sur les qualités de mon futur mari.

Étendue sur le plancher de ma chambre à coucher avec le mandala devant moi, un arc-en-ciel de crayons multicolores déployé autour de moi et l'odeur de bois de santal émanant d'un bâton d'encens, j'ai déclaré mon intention : trouver l'ami et l'amoureux spirituel parfait avec qui vivre ma vie. J'ai choisi un crayon d'une belle couleur et me suis mise à colorier une section minuscule tout en réfléchissant profondément à chacune des qualités que je désirais chez mon futur conjoint. *J'aimerais un homme qui est gentil avec les animaux,* ai-je pensé en coloriant un espace en violet. *J'aimerais un homme qui apprécie mon sens de l'humour,* en appliquant un violet pervenche. Je pensais à chaque intention et emplissais l'espace d'une touche de couleur. Une teinte de vert éclatant pour *J'aimerais un homme qui est aimable avec les serveurs et les serveuses au restaurant.* J'ai opté pour le rubis pour *un homme qui est ouvert à ma quête spirituelle.* Et ainsi de suite, une nouvelle couleur pour chaque intention. *Un homme qui aime ce que les autres trouvent étrange chez moi.* (Non, je ne vous révélerai pas ces caractéristiques.) Et finalement, *un homme avec qui je peux partager mes rêves.*

Mon astrologue m'a dit d'être très précise. Le mandala devenait un témoignage multicolore des qualités que je désirais chez mon futur partenaire. La pensée *Je voudrais un homme qui ait de belles fesses* m'a un peu embarrassée. Je ne me sentais pas très spirituelle quand j'ai colorié cette section, concentrée sur cette intention. (Eh, je n'avais que 27 ans et je manquais encore un peu de profondeur.) Une fois terminé, mon mandala ressemblait à un kaléidoscope par lequel je regardais : un tourbillon de couleurs vives formant un dessin rappelant une pierre précieuse. J'avais fait ma demande à l'Univers et elle n'était plus de mon ressort.

Noël a passé et la veille du jour de l'An, j'ai été invitée à sortir avec un homme tout à fait charmant qui souhaitait davantage qu'une amitié. J'ai aussi reçu une autre invitation de la part d'un homme qui ne voulait qu'être mon ami. Aucune de ces propositions n'était un scénario idéal. J'ai donc décidé d'accueillir la nouvelle année avec de bons amis. Mes camarades d'impro se réunissaient dans une boîte de nuit à 23 heures et j'étais contente d'aller les rejoindre, plutôt que de former un couple improvisé juste parce que c'était le Nouvel An.

Le soir du 31 décembre 1984, il a beaucoup neigé. Je débordais de saines résolutions pour la nouvelle année et j'ai décidé d'aller faire une séance d'exercices rapide à mon centre de culture physique. J'étais en paix avec ma vie : j'étais célibataire, j'avais de bons amis, une vie agréable, un bon emploi qui me procurait plein d'argent. Peu importait que je ne rencontre *jamais* l'homme de mes rêves. J'étais satisfaite de la vie que je m'étais créée.

Je me suis rendue au club East Bank de Chicago dans ma petite Nissan Sentra, me sentant comme une boule de métal dans un billard électrique, dérapant dans les rues et remerciant le ciel de ne pas heurter les voitures garées, couvertes de neige. Je n'ai pas été étonnée de voir plein de places de stationnement près du club normalement très occupé. Même la dame à la réception a paru surprise de voir un membre venir faire ses exercices par une veille du jour de l'An aussi froide et neigeuse.

Une fois à l'intérieur, je suis allée directement à la bicyclette stationnaire pour me réchauffer. Je pédalais en fixant le vide devant moi, allant nulle part à toute vitesse. Le centre normalement grouillant d'activités était désert. Cela me convenait ; je n'étais pas maquillée et mon chignon habituellement haut perché ressemblait à un nid. Soudain, sorti de nulle part, un homme séduisant aux cheveux noirs s'est installé sur la bicyclette à côté de moi et s'est mis à pédaler.

— Combien de temps roulez-vous ? m'a-t-il demandé.

Je n'avais pas très envie de bavarder puisque j'étais *satisfaite* de ma vie.

— Trente minutes, ai-je répondu.

Je n'étais pas du tout intéressée à parler et j'espérais sérieusement qu'il allait nous laisser tranquilles, moi et mon nid.

— Excellent, a-t-il dit en me souriant de ses grands yeux bruns. Je roule pendant 45 minutes.

Tandis que je soufflais et haletais, nous avons discuté de nos projets pour la soirée du Nouvel An. Il allait à une fête avec une amie et je lui ai parlé de mon rendez-vous avec mes camarades à 23 heures. Nous nous sommes présentés et avons continué de bavarder au son du vrombissement des bicyclettes.

— Bon, je vais faire quelques étirements. Contente d'avoir fait votre connaissance, ai-je dit, en m'éclipsant vers un grand studio couvert de miroirs.

J'ai retiré un tapis de la pile et me suis mise à faire des étirements de yoga, soulagée de me retrouver seule.

Ouais, c'est bien la dernière fois que je me fais un masque d'argile avant d'aller au club de santé, ai-je pensé en contemplant mon visage tout rouge dans le miroir. Après quelques exercices, une tête a émergé des portes boisées ouvertes.

— Eh, aimeriez-vous prendre un jus d'orange après vos exercices? m'ont demandé les grands yeux bruns.

Nous avons convenu de nous rencontrer après la douche dans le coin près du bar. Une douche et un séchage à air chaud peuvent avoir un effet étonnant sur votre allure. Voilà que j'avais l'air de moi-même à nouveau. J'ai rejoint Howard aux grands yeux bruns au bar. Nous avons commandé des jus d'orange sur glace et avons bavardé. Il était charmant, sensible, amusant et très mignon. Nous avions à peine fini nos jus que c'était l'heure de la fermeture du centre. Après avoir échangé nos cartes professionnelles, nous avons convenu de dîner ensemble le mercredi.

Je suis retournée chez moi en auto dans l'une des pires tempêtes de neige qu'ait connu Chicago, une veille du jour de l'An. La neige tombait vite, en gros flocons sur mon pare-brise, telle une couverture. Arrivée à la maison, je me suis rapidement parée pour la soirée. Il me paraissait plus prudent de prendre un taxi plutôt que de manœuvrer dans les rues dans ma petite importée. Le temps était exécrable, la neige m'aveuglait et il n'y avait aucun taxi ni aucune voiture en vue. Je me suis péniblement frayé un chemin dans la neige pour retourner à mon appartement. Le vent hurlait et

les cristaux de glace lapidaient les carreaux de fenêtres, tandis que je m'installais avec une tasse de tisane
fumante pour passer une soirée à visionner des films
des frères Marx.

Le mercredi soir, Howard est venu me chercher.
Il était beau, riait de mes blagues et n'a pas sourcillé
quand j'ai parlé de méditation. Nous sommes allés à un
restau tex-mex très branché où nous nous sommes assis
près d'un grand foyer circulaire. Nous avons parlé, parlé
et parlé. Nous avons partagé un délicieux repas et ri de
la tempête du Nouvel An qui avait tout paralysé. Il était
vraiment charmant et réellement gentil avec la serveuse.
Il aimait les animaux, était passionné d'arts martiaux,
avait un chat nommé Wolf et, en tant que batteur, il
s'intéressait à tous les styles de musique. Cela a été une
soirée spectaculaire.

Nous aurions pu parler toute la nuit. Nous avions
beaucoup d'affinités. Mais puisque nous travaillions
tous les deux le lendemain, nous nous sommes quittés
à 23 h 30. Howard m'a raccompagnée jusqu'à ma porte
et m'a souhaité bonne nuit en m'embrassant. C'était
un merveilleux baiser. Je l'ai regardé s'éloigner dans le
couloir de mon immeuble et vous savez quoi ? Bien sûr,
il avait de très belles fesses. Nous sommes ensemble
depuis. C'est l'homme de mes rêves. Et nous sommes
vraiment des âmes sœurs. (Vous pouvez photocopier et
colorier le mandala qui se trouve à la page 231.)

• • •

J'aime cette histoire car elle contient quelques-uns des principes clés qui gouvernent la Loi de l'Attraction. En cours de processus d'attraction de son âme sœur, Gayle est restée détendue ; elle avait le cœur léger et sa vie la satisfaisait. Elle abordait sa quête avec une joyeuse anticipation et non dans un état de besoin. C'est un point important, car il ne revient pas à votre âme sœur de vous sauver la vie, de vous sortir de vos dettes, ou de vaincre vos démons intérieurs. Votre âme sœur est un ami et un partenaire avec qui vous partagerez les aspects les plus intimes de votre vie, quelqu'un qui comprend le pouvoir et la beauté d'une véritable union avec une âme sœur et qui fera vivre l'espace amoureux même quand vous en serez incapable. Quand mon amie Maxine s'est appliquée à attirer son âme sœur, elle priait pour « rendre une personne aussi heureuse qu'elle voulait l'être elle-même ». Deux heures après avoir récité sa prière, elle a rencontré l'homme qui est devenu son mari six mois plus tard. Aujourd'hui, 12 ans plus tard, ils sont encore heureux et amoureux.

Autant que possible, vivez votre quête de façon détendue et le cœur léger. Jamais vous ne doutez que la *barista* à qui vous demandez un café latte se manifestera. Et jamais vous ne devriez douter du pouvoir de l'Univers à vous livrer votre vrai amour.

Chapitre 6

Décrocher
du passé

...

L'amour est l'état où le bonheur d'une
personne est indispensable au vôtre.

Robert Heinlein

Vous vous rappelez l'ancienne définition de l'aliénation mentale? Albert Einstein la décrivait comme l'action de répéter toujours la même chose en s'attendant à des résultats différents. En tentant d'attirer votre âme sœur sans vous libérer d'abord du désordre émotionnel et psychique de votre passé, vous courez le risque que se manifeste le même type de personne avec qui vous avez échoué auparavant. Si vous portez encore un bagage émotionnel lié à d'anciennes relations (et j'avancerais que c'est le cas de la plupart d'entre nous), engagez-vous immédiatement à y travailler. Quand vous avez réussi à vous libérer de vos peines d'amour, de votre ressentiment et de vos déceptions, vous posez les fondations d'une vie saine, heureuse et enrichissante avec votre âme sœur.

Clarifions un point dès le départ : être humain, c'est être blessé. Aucun d'entre nous n'échappe à cette simple réalité. Que nous ayons eu une enfance difficile, connu le rejet de la part d'un amour blessant ou la déception d'une relation qui a échoué, nous avons tous des blessures affectives en attente de guérison. Maintenant que vous vous préparez à attirer votre âme sœur, vous devez décider immédiatement d'entreprendre de guérir activement les blessures les plus profondes de votre cœur. Veuillez remarquer que j'ai dit *entreprendre* le processus de guérison. Pour bon nombre d'entre nous, peut-être s'agira-t-il d'une entreprise à vie, mais il n'est pas nécessaire d'être libre de tout bagage émotionnel pour que se manifeste votre âme sœur. En fait, l'un des rôles de l'âme sœur est justement de nous aider à guérir nos blessures les plus profondes. Il n'en reste pas moins que si vous vous engagez réellement à transmettre un signal clair et net que vous êtes prêt à attirer un ou une partenaire saine capable d'engagement, vous devez vraiment vous libérer des blocages affectifs qui vous maintiennent dans le passé de manière négative.

Réfléchissez un moment à votre liste de qualités recherchées chez un amoureux ou une amoureuse, puis demandez-vous si vous êtes, sur le plan affectif, un bon parti pour la personne que vous avez décrite. S'il y a un mur très épais autour de votre cœur, peut-être repoussez-vous inconsciemment l'amour. Un cœur alourdi par les vieilles blessures, les déceptions et le ressentiment n'est tout simplement pas ouvert suffisamment pour que l'amour puisse y entrer. En fait, vos blessures affectives non traitées ou non guéries peuvent envoyer à l'Univers un message embrouillé. D'une part, vous affirmez un *oui* géant pour commencer une relation intime, alors que votre cœur blessé dit inconsciemment : *non, j'ai peur d'être à nouveau blessé.* À présent, votre tâche consiste à dévoiler vos blessures et à amorcer le processus de guérison afin de pouvoir diffuser un message clair affirmant que vous êtes prêt pour l'amour. Le pardon se trouve au cœur de ce processus.

LE POUVOIR DU PARDON

L'autre matin, j'écoutais les nouvelles à la télé et j'ai capté par hasard un segment où une mère parlait de sa fille qui avait été assassinée dix ans plus tôt. Cette femme expliquait qu'elle avait porté en elle une rage, une amertume et une haine immenses envers l'homme qui avait tué sa fille (qui, à cette époque, purgeait une peine d'emprisonnement à perpétuité dans une prison à sécurité maximale). Finalement, elle s'était rendu compte qu'elle n'était plus capable de vivre avec une telle colère et avait écrit une lettre à cet homme pour lui dire qu'elle avait enfin décidé de lui pardonner. Elle a confié au journaliste qu'au moment où elle l'a déposée dans la boîte aux lettres, toute sa colère et sa rage s'étaient évaporées et elle s'était sentie totalement libérée grâce au pardon qu'elle venait d'accorder à cet homme. Elle a dit que si seulement elle avait su que le pardon avait un tel pouvoir, elle lui aurait pardonné bien des années auparavant.

De façon similaire, pour nous libérer des blocages affectifs qui nous empêchent d'accueillir l'amour, nous devons faire appel au pouvoir du pardon. Dans son livre primé *Spiritual Divorce,* Debbie Ford explique que : « le pardon est le couloir entre le passé et l'avenir. » Tout simplement, quand nous avons guéri nos vieilles cicatrices, nous ouvrons la porte à un avenir plus enrichissant.

L'histoire de Colette
Régler le passé

Dès le départ, mon expérience avec les hommes a été abrupte et dépourvue d'amour. J'ai perdu ma virginité lors d'une beuverie avec ni plus ni moins un étranger, à mon 18e anniversaire. Un an plus tard, je me suis retrouvée dans un bar, à nouveau enivrée, et j'ai acceptée d'être raccompagnée chez moi par un groupe d'hommes que je ne connaissais que vaguement. Ce qui est arrivé ensuite allait teinter mes choix des années durant : j'ai vécu la dégradation et la décadence morale d'un viol collectif. Les suites ont été dévastatrices et les hommes que j'ai attirés dès lors étaient le parfait reflet de ma rage envers le genre masculin et de ma haine envers moi-même. Je me retrouvais, relation après relation, avec des hommes misogynes pleins de colère et de rage, aux prises avec l'une ou plusieurs de ces dépendances, soit le sexe, la drogue, l'alcool ou le jeu. Aucun d'eux ne me traitait avec respect puisque je ne me respectais pas moi-même. Aucun d'eux ne s'ouvrait à moi sur le plan émotionnel puisque je ne m'ouvrais pas à moi-même. Aucun d'eux n'était fidèle puisque je me trahissais constamment. Tous, comme moi, étaient pris dans le même piège de la malhonnêteté et du déni.

À 27 ans, j'ai suivi un programme de rééducation pour me défaire de ma dépendance à l'alcool. J'ai fini par croire en une Puissance supérieure. Je me suis mise à étudier la métaphysique et à lire de nombreux ouvrages sur ce qu'on appelle maintenant la Loi de l'Attraction. Wallace Wattles, Catherine Ponder, Ernest Holmes, Alice Bailey, Norman Vincent Peale, James Allen et Shakti Gawain sont devenus mes plus grandes lectures de chevet. J'ai commencé à recourir à la visualisation créatrice, aux affirmations, et aux tableaux de rêves faits de collages artistiques pour m'aider à imaginer et à attirer un partenaire amoureux. J'ai créé un tableau de rêves avec des photographies et des images découpées dans des magazines, qui représentaient un bel homme aux cheveux foncés. Je suis même allée jusqu'à découper l'image d'une robe de mariée. Chaque jour, je me concentrais sur l'aspect physique de cet homme, la robe de mariée et le mariage comme tel. Et pourtant, tout au fond de moi, je n'avais pas encore accordé le pardon, ni à moi-même ni aux hommes qui m'avaient violée. Ainsi, sans grande surprise, le partenaire que j'ai attiré reflétait mon propre manque d'amour et de considération envers moi-même.

J'ai rencontré mon premier mari lors d'un rendez-vous surprise. Il était l'image même du bel homme aux cheveux foncés de mon tableau de rêves. Peu de temps après, il m'a demandé en mariage. À cette époque, cette relation convenait parfaitement à l'état dans lequel je me trouvais sur le plan énergétique et émotionnel. Tous les deux, nous nous manquions de respect dans notre langage et n'étions pas disponibles l'un pour l'autre ; en bout de ligne, nous avons tous deux été déçus et désillusionnés. En réalité, pour moi cela a été la meilleure chose qu'il ait pu m'arriver. La lumière s'est enfin allumée.

Sur le plan émotionnel j'ai touché le fond et j'ai dû finalement admettre que j'étais encore remplie d'une rage refoulée à cause du viol, que je me voyais encore comme une victime, que j'étais encore en représailles, méfiante et pas du tout prête à m'engager affectivement — non seulement avec un homme mais aussi avec moi-même. Cela a été le début de ma véritable guérison. Je me suis engagée à rester célibataire pendant un an et à entreprendre une introspection en vue de me libérer de la souffrance de mon passé, qui intervenait constamment dans mon présent. J'ai appris à pardonner, à libérer mon ressentiment, et à voir le rôle que j'avais joué dans les drames de ma vie. J'ai fini par regagner un sentiment d'espoir. L'humilité a tranquillement remplacé la colère et la peur que j'avais entretenues si longtemps. Je suis devenue l'amour que je recherchais. Je me suis enfin pardonné. À l'âge de 44 ans, j'étais enfin prête à laisser la volonté de Dieu guider mes relations intimes. Tous les jours, je priais pour que Dieu décide qui serait mon partenaire de vie, si je devais en avoir un. Un matin, je me suis réveillée avec un regain d'espoir.

Dans l'intervalle, j'avais guidé quelques-uns de mes clients et clientes sur la façon d'attirer leur partenaire de vie en utilisant Internet comme outil de méditation. Je suppose qu'il est vrai qu'on peut enseigner aux autres ce qu'on a le plus besoin d'apprendre soi-même. Mes clients obtenaient des résultats merveilleux et je me suis dit que je devais essayer moi aussi. Le lendemain, je me suis branchée à un site de rencontres et voilà que m'a sauté aux yeux l'annonce du plus bel homme. Je n'ai même pas lu son annonce. Je n'ai eu qu'à le regarder dans les yeux et mon radar intuitif a fait *clic!* J'ai pris contact avec lui, il m'a rappelée et dès que j'ai entendu sa voix j'ai su que c'était LE bon. Je n'éprouvais aucune anxiété, juste une agréable sensation de calme bienvenu qui ne ressemblait en rien au désir ardent que j'avais ressenti dans toutes mes autres relations. Nous avons tous les deux compris assez rapidement que nous étions faits pour vivre ensemble. Nous ne nous sommes jamais quittés depuis le jour de notre rencontre.

Ma relation avec mon âme sœur s'est construite sur une base solide parce que j'étais guérie sur le plan affectif. Dès le départ, j'ai pris un engagement important : jamais je ne serais irrespectueuse envers lui, tant verbalement que dans mon comportement. Tous les deux nous avions connu une bonne part de relations difficiles dans le passé et savions ce que nous ne voulions pas reproduire. Voici ce que l'expérience nous dicte : « Si tu fais ce que tu as toujours fait, tu vas obtenir ce que tu as toujours obtenu! »

Évidemment, nous avons décidé de respecter notre engagement par des vœux spirituels et un mariage en bonne et due forme. Lorsque nous nous sommes mariés, nous avons convenu que le divorce ne serait jamais une option. Nous réglons toujours nos différends avant de nous mettre au lit le soir, nous nous priorisons mutuellement et nous nous soutenons pleinement dans notre évolution spirituelle et personnelle. Il n'y a pas de place pour la manipulation ou les luttes de pouvoir, et nous sommes toujours près l'un de l'autre, mais pas au point de projeter de l'ombre l'un sur l'autre. Nous formons une équipe. Nous sommes les meilleurs amis qui soient. Nous pouvons être nous-mêmes grâce à l'amour que nous éprouvons l'un pour l'autre. Nous rions des mêmes sottises. Nous savons que nous ne sommes pas parfaits, mais que nous sommes parfaits l'un pour l'autre. Jamais je n'aurais pu m'attirer une relation aussi saine si je n'avais pu me pardonner à moi-même et à ceux qui, à mes yeux, m'avaient trahie.

• • •

Comme l'illustre si bien l'histoire de Colette Baron-Reid le pardon est un processus en deux volets : en premier lieu, nous devons pardonner à ceux qui nous ont causé du tort et, ensuite, nous devons nous pardonner à nous-mêmes pour avoir trop longtemps négligé d'écouter nos intuitions, pour avoir fait des choix par désespoir, ou pour les centaines d'autres situations pour lesquelles nous nous blâmons.

SE PARDONNER À SOI-MÊME

Au chapitre 2, je vous encourageais à rédiger une lettre à vos amours du passé avec qui, selon vous, il n'y a pas eu de conclusion, puis à vous écrire une lettre à vous-même, de leur perspective. J'espère que vous avez fait cet exercice parce que c'était une introduction à celui qui va suivre. Pour pousser plus loin le processus qui consiste à décrocher du passé, je vous invite maintenant à vous écrire une lettre de pardon. Il est important de vous pardonner pour toutes les fois où vous êtes resté dans des relations qui ne servaient pas votre meilleur intérêt — et il est aussi important de le faire par écrit. Donnez le plus de détails possible ; écrivez les noms de toutes les personnes et décrivez les événements qui ont amené votre cœur à se refermer. À la fin de chaque paragraphe, veuillez ajouter cette phrase : *Je me pardonne entièrement et totalement pour ces actions et je pardonne entièrement et totalement à (ajouter les noms) pour ses actions. Maintenant, je me bénis ainsi que (ajouter les noms) et j'accepte avec reconnaissance cette guérison de mon cœur. Ainsi soit-il.*

Quand vous avez fini votre lettre, lisez-la à haute voix et ressentez en vous la libération qu'apporte le pardon. Vous sentirez peut-être votre cœur s'ouvrir largement ou peut-être remarquerez-vous un pas subtil en direction du pardon. Envisagez de vous lire cette lettre de pardon tout haut quotidiennement pendant dix jours. Si vous ne percevez aucun changement par après, songez à demander l'aide d'un conseiller, d'un guide ou d'un thérapeute. Au fait, si vous découvrez que vous avez de la réticence à effectuer cet exercice, permettez-vous cette réticence pendant quelques minutes, puis assoyez-vous et faites-le quand même.

• • •

Voici ce dont vous aurez besoin pour faire l'exercice :

Un exercice
sur le
pardon

• 0 à 30 minutes

• du papier et un bon stylo

• une chandelle et de la musique relaxante (je favorise les chants grégoriens)

• la volonté d'aller jusqu'au bout

• la volonté de mettre un point final et de pardonner

Quand vous vous êtes accordé le pardon, ainsi qu'à vos anciennes fréquentations, il est temps de vous détacher d'elles doucement et gentiment d'un point de vue énergétique. Bon nombre de personnes qui travaillent avec l'énergie croient que nous laissons des empreintes énergétiques chez les gens avec qui nous avons vécu une intimité. Celles-ci peuvent être positives — par exemple, le lien créé lors d'un premier baiser amoureux — ou négatives — telles les blessures affectives que peuvent causer une rupture ou une grosse dispute. Ces empreintes énergétiques sont des liens électromagnétiques entre les personnes, par lesquels les pensées, les émotions et l'énergie continuent de circuler dans les deux sens. Vous avez probablement déjà fait l'expérience du pouvoir de tels liens à un moment ou un autre de votre vie. Peut-être aviez-vous finalement décidé de mettre fin à une relation et vouliez-vous passer à autre chose sur le plan affectif quand, surprise, votre ex vous a rappelé pour vous annoncer qu'il ou elle voulait vous revoir. Que s'est-il donc produit? En prenant la décision de passer à autre chose, vous avez rompu le lien énergétique entre vous. À un niveau inconscient, votre ex l'a senti et a ainsi repris le contact avec vous afin de rétablir ce lien.

> Aimer et être aimé, c'est sentir le soleil des deux côtés.
>
> *Dr David Viscott*

Tant que vous êtes toujours lié à l'une de vos anciennes fréquentations, vous ne pourrez être complètement disponible pour investir votre énergie dans une nouvelle relation. De plus, les vestiges d'empreintes énergétiques négatives peuvent se manifester sous forme de douleur physique réelle. J'ai entendu parler de nombreux cas de migraine, de maux de dos et de toutes sortes d'autres malaises qui ont été résolus une fois ces liens énergétiques rompus.

Alors, comment rompre ces liens énergétiques? D'abord, nous devons être très honnêtes avec nous-mêmes et nous assurer que nous sommes vraiment, réellement, prêts sur le plan émotionnel à décrocher du passé. Quand vous avez la certitude qu'il est temps de couper le cordon, vous pouvez consulter un thérapeute qui travaille avec l'énergie ou le faire par vous-même, en recourant à l'une des méthodes que je présente plus loin dans ce chapitre.

Il y a plusieurs années, j'ai lu dans un livre amérindien que les amoureux laissaient « des fils lumineux de lumière verte » dans le ventre d'une femme. Pour libérer ces empreintes énergétiques, la femme allait méditer dans une caverne pendant trois jours. Là, elle se rappelait ses anciens amants, dialoguait mentalement de pardon et d'appréciation avec eux et quand elle était prête, elle s'imaginait en train de couper concrètement les fils qui la reliaient encore à eux.

Je ne disposais pas d'une caverne, mais à mesure que je me détachais de mes anciens amants afin de faire de la place à mon âme sœur dans mon cœur, je passais chaque journée avec une intention similaire. Je commençais en m'assoyant pour méditer calmement. Je me rappelais un ancien ami ou amoureux avec qui je me sentais encore liée sur le plan énergétique. Dans mon cœur et mon esprit, je le remerciais d'avoir été dans ma vie, d'avoir été un catalyseur de mon évolution et de m'avoir aidée à clarifier les qualités que je désirais vraiment chez un homme. Les yeux fermés, je dialoguais avec lui et je lui révélais tout ce qui selon moi devait être dit, en imaginant même parfois ce qu'il aurait voulu me dire. Je me voyais ensuite à l'intérieur de mon ventre, là où un fil énergétique me reliait encore à cet homme. En imagination, je trouvais le fil rattaché à lui et je le coupais avec de petits ciseaux tout en le regardant disparaître aussitôt.

Si cette méthode vous semble trop étrange (ou si vous êtes un homme), vous pouvez imaginer que les fils sont reliés à votre deuxième chakra, juste en dessous du nombril. Fermez les yeux, voyez le fil qui vous rattache encore à cette personne, dites tout ce qui doit être dit dans un dialogue intérieur, puis visualisez-vous en train de couper le fil avec un couteau ou une paire de ciseaux bien affûtés. Une fois qu'il est rompu, peut-être même sentirez-vous cette énergie que vous projetiez auparavant sur cette personne.

Si la visualisation n'est pas votre fort, vous préférerez sans doute accomplir le rituel suivant, vaguement adapté du livre de maître Stephen Co et Eric B. Robins, M.D., intitulé *Your Hands Can Heal You* [Vos mains peuvent vous guérir]. La technique consistant à vous laver de votre passé et à le regarder s'écouler dans le drain possède un aspect concret très satisfaisant. Vous pouvez aussi combiner cette méthode à celle que je viens de décrire.

• • •

Accessoires nécessaires :

- 780 g (26 oz) de sel (n'importe quel sel de table mais pas de sels d'Epsom)

- des chandelles

- une grande serviette de bain propre

- 15 à 30 minutes sans interruption

Rituel pour décrocher du passé

Remplissez la baignoire d'eau tiède et ajoutez le sel. Pendant que le bain se remplit, allumez quelques jolies chandelles et éteignez les lumières. Immergez votre corps dans l'eau salée et imprégnez-vous du souvenir de chacun de vos ex. En pensant à chacun ou chacune, pardonnez-lui silencieusement et demandez son pardon pour toutes les fois où vous vous êtes blessés l'un l'autre. Dites-lui aussi merci pour ce qu'il ou elle a apporté de positif dans votre vie, les leçons que vous avez apprises et la clarté que vous possédez maintenant grâce à votre relation avec cette personne.

Imaginez ensuite qu'un fil énergétique vous relie à cette personne d'une manière négative ou restrictive. Fermez les yeux et tentez de repérer la partie de votre corps où ce lien existe encore ; vous le percevrez peut-être comme un désir, du ressentiment ou même un engourdissement. Respirez profondément et prenez conscience de la façon dont cette attache au passé vous rend indisponible à l'amour présentement. Visualisez ensuite le fil qui vous relie à cette personne et décidez comment vous voulez le couper. Vous pouvez faire un mouvement de karaté ou faire semblant de tenir des ciseaux ou un couteau dans votre main et rompre le fil entre vous deux. Une fois le fil coupé, frappez trois fois dans vos mains pour disperser l'énergie qui y circulait auparavant.

Quand vous avez terminé, laissez l'eau du bain s'écouler et prenez une longue douche. (Il est essentiel de bien vous rincer après avoir pris un bain de sel.) Avec votre savon et votre shampoing favoris, lavez à fond votre corps et vos cheveux pour éliminer toute l'eau salée et, avec elle, tout résidu de l'énergie négative qui était maintenue dans les fils énergétiques.

• • •

Il arrive parfois que nous nous raccrochions au passé — même s'il a été souffrant et décevant — pour nous distraire de la profondeur de notre désir de trouver le véritable amour. Dans l'angoisse de la solitude, nous devenons souvent nostalgiques ou amers face à nos amours du passé et drainons ainsi, sans nous en rendre compte, toute notre vitalité.

Pensez à nouveau à la personne que vous avez décrite dans votre liste de qualités recherchées. Afin d'établir un lien énergétique solide avec elle, vous avez besoin de toutes vos ressources concentrées ici et maintenant. Dans la mesure où vous vous raccrochez au passé, vous n'êtes pas disponible pour vivre le moment présent. Le temps est venu de vous engager pleinement à guérir votre cœur, même si cela implique de sentir la douleur du fait que votre âme sœur ne se soit pas encore manifestée. Le désir que vous éprouvez de vous unir à elle est un aimant puissant et quand votre cœur est ouvert, vous n'êtes pas sur vos gardes, vous devenez facile d'approche et vous êtes absolument irrésistible. Quand vous êtes libéré des empreintes énergétiques, vous envoyez un signal clair à l'Univers, qu'en plus de le vouloir et d'en être capable, vous êtes maintenant prêt à vous unir à votre âme sœur.

CHAPITRE 7

Agir

. . .

Trouvez la personne qui vous aimera à cause de
vos différences et non malgré elles et vous aurez
trouvé l'amour de votre vie.

Leo Buscaglia

Il y a quelques années déjà, j'ai écrit le livre *Hot Chocolate for the Mystical Lover : 101 True Stories of Soul Mates Brought Together by Divine Intervention* [Chocolat chaud pour amoureux mystiques : 101 histoires vraies d'âmes sœurs unies grâce à l'intervention divine]. En cours d'écriture, j'ai découvert quelques-unes des nombreuses façons de rencontrer son âme sœur. Il est assez stimulant de constater que même les rencontres les plus mystiques ou magiques exigent une action de la part des futurs amoureux : ils doivent délibérément se placer «au bon endroit, au bon moment». Voici certaines de leurs actions qui se sont avérées efficaces :

1. *Ils se sont fixé une intention qu'ils ont appuyée par une action*
Après avoir établi votre liste de qualités recherchées chez une âme sœur et fixé l'intention de trouver votre partenaire de vie idéal, il est important d'être à l'affût d'indices et de vous préparer mentalement, émotionnellement et physiquement en vue du moment où le destin vous appellera à agir. C'est la formule gagnante qu'a utilisée mon ami Sean Roach, un chef de direction et conférencier chevronné, pour trouver son âme sœur.

À 36 ans, Sean commençait à se demander s'il ne rencontrerait jamais la bonne femme avec qui s'installer et fonder une famille. Son travail l'amenait à voyager au moins deux fois par semaine et il doutait de pouvoir rencontrer quelqu'un, vu qu'il n'était presque jamais à la maison et ne passait qu'un jour ou deux dans chaque ville. J'ai expliqué à Sean quelques principes que nous explorons dans ce livre, et même s'il a admis ne pas être un fervent adepte des « étreintes d'arbres » (selon son affectueuse appellation), il a décidé de tenter l'expérience. Il a fixé l'intention de trouver sa partenaire idéale ; il a créé une carte aux trésors remplie d'images de couples heureux étendus dans le sable ou passant un moment agréable dans un jardin devant un foyer, puis il en a choisi une en particulier qu'il pourrait regarder chaque jour — celle d'un homme avec un enfant sur ses épaules — pour son iPod et son téléphone portable.

Un après-midi, Sean était à bord d'un avion à destination d'Orlando où il allait donner une conférence. Habituellement en avion il travaillait ou s'occupait de ses courriels, mais cette fois il a pris le temps de remarquer l'agente de bord, Pia, qui lui servait un verre de vin rouge. Après un bref séjour de 24 heures à Orlando, Sean a repris l'avion pour revenir sur la Côte Ouest et s'est aperçu que le même équipage travaillait sur le vol de retour. Environ une heure après le décollage, Sean a entendu un passager qui s'adressait cavalièrement à l'une des agentes et il a eu envie d'intervenir. S'interposant pour prendre la défense de l'agente, il s'est retrouvé une fois de plus en train de regarder Pia dans les yeux. Remarquant l'étincelle, l'une des autres agentes a dit : « Sean devrait remporter un prix pour son intervention

et je pense que ce prix devrait être le numéro de Pia!».
Sean a noté le numéro de Pia et lui a téléphoné une
semaine plus tard. Dès leur premier dîner ensemble,
ils ont eu l'impression qu'ils se connaissaient depuis
toujours.

2. *Ils ont assisté à des réunions avec leurs amis d'enfance ou
de l'école.*
Combien de fois avez-vous pensé : *Je me demande bien
ce qu'il est advenu d'untel ou d'unetelle?* Bien des gens
trouvent le véritable amour en assistant à une réunion,
ou après avoir fait le premier pas pour revoir des amis
d'enfance ou de l'école. Récemment, j'ai lu l'histoire
d'un couple formé de Charlie et Carlyn Baily. Tous les
deux dans la soixantaine, ils se sont mariés après s'être
retrouvés sur classmates.com, 43 ans après la fin de leur
cours secondaire. «J'ai encore du mal à le croire», a dit
Carlyn. «Il y a dix ans seulement, il n'y avait pas de site
de rencontres ni d'ordinateurs. Il aurait fallu un pur
hasard pour que nous nous rencontrions.» Eh bien, la
technologie actuelle facilite plus que jamais ce genre de
retrouvailles.

Retrouver une ancienne flamme peut aussi parfois
faire jaillir des idées d'entreprises. Jeff Tinley a rencontré
sa femme à une réunion d'anciens élèves et leurs retrouvailles l'ont inspiré à mettre sur pied reunion.com!

3. *Certaines personnes (moi incluse) font des rêves ou ont
des prémonitions qui leur fournissent des indices sur les*

> Mon grand espoir est de rire autant que je pleure ; accomplir mon travail et essayer d'aimer quelqu'un et d'avoir le courage d'accepter l'amour en retour.
>
> *Maya Angelou*

détails (comment, où, quand) de leur rencontre avec leur âme sœur, à partir desquels elles posent des gestes concrets.

Il y a cinq ans, un matin, l'anglais David Brown s'est réveillé avec un numéro de portable dans la tête. Il ignorait complètement d'où provenait ce numéro, mais il y a tout de même envoyé un message texte en espérant résoudre le mystère. Il est parvenu à Michelle Kitson, qui vivait à 100 kilomètres de chez lui. Elle n'a pu expliquer pourquoi son numéro s'était retrouvé à lui hanter l'esprit, mais après plusieurs messages de part et d'autre, ils ont fini par se rencontrer et ils sont tombés amoureux. David et Michelle se sont mariés récemment et reviennent tout juste de leur lune de miel en Inde. Les histoires vraies comme celle-ci nous rappellent clairement d'écouter nos rêves, de nous fier à nos intuitions et de croire que l'Univers nous envoie en ce moment même des signes qui nous conduiront à l'amour.

4. *Bon nombre de personnes ont eu le pressentiment qu'elles devaient se rendre à un endroit précis et ont choisi de suivre cette intuition, même si cela contrecarrait leurs plans.*

Une femme, qui se sentait en fait plutôt déprimée, a eu l'élan d'aller à un aquarium… un lieu où elle n'était jamais allée auparavant et qu'elle n'avait pas vraiment envie de visiter. Elle s'y est tout de même rendue et elle a rencontré le dresseur de dauphins, de qui elle est tombée amoureuse. Ils sont maintenant mariés et vivent à Hawaii. Une autre femme a reçu une invitation de dernière minute à une réception. Elle n'avait pas du tout envie de rencontrer des gens ce soir-là, mais quelque chose en elle l'incitait à y aller. C'est à cette réception qu'elle a fait la connaissance de son mari. Bon nombre d'entre nous sommes allés à des rendez-vous surprises organisés par des amis sans trop y croire pour découvrir finalement que Cupidon avait frappé.

5. *Ils ont décidé de s'inscrire à un site de rencontres en ligne et ont rencontré l'être aimé.*

J'ai plus d'une amie qui a rencontré son mari par l'intermédiaire d'un site de rencontres en ligne. En fait, j'ai lu récemment un article dans lequel on estimait qu'en 2011, 80 pour cent de la population allait avoir une identité virtuelle en ligne. Et juste au cas où vous pensez que vous ne pouvez tirer avantage de cette nouvelle manière de se créer un réseau social parce que vous ne pigez rien à Internet, repensez-y! Ma belle-mère de 80 ans a pris les mesures nécessaires, avec un peu d'aide d'un ami plus jeune qui s'y connaissait un peu plus en informatique, et elle a rencontré l'amour de sa vie sur match.com.

6. *Ils ont rencontré leur âme sœur en provoquant audacieu-sement l'aventure.*

Je constate que beaucoup de gens tombent dans le piège de remettre le plaisir et l'aventure à *plus tard,* quand ils auront rencontré leur âme sœur, sous prétexte qu'ils auront alors quelqu'un avec qui les partager. Je me rappelle l'histoire d'un homme en particulier qui aimait les baleines. Il avait finalement décidé de faire une excursion en kayak avec un groupe d'inconnus pour vivre l'expérience de voir les baleines de près. Eh bien, il n'a pas seulement vu les baleines, il a aussi rencontré son âme sœur qui, par hasard, pagayait juste à côté de lui. Je connais plusieurs couples qui se sont formés lors de voyages à l'étranger, où jamais ils ne croyaient rencontrer l'amour. Vivian vivait à Boston, Mike à Minneapolis. Ils se sont rencontrés en Crète. L'amour n'est-il pas fantastique ?

Parfois, un acte audacieux ou l'écoute d'une intuition peut vous conduire jusqu'à la porte de votre amour. Par exemple, Gabrielle, une jeune femme que j'ai connue dans un cours de marketing que je donnais, avait très envie d'apprendre l'espagnol depuis qu'elle était adolescente. Elle avait un fantasme dans lequel elle rencontrait un amant latino parfait qui lui enseignait patiemment à parler cette langue et l'emmenait passer des vacances exotiques au Mexique. Quand elle m'a confié ce fantasme, je lui ai fortement conseillé de ne pas attendre et de satisfaire sa passion pour cette langue. Cela pouvait lui apporter bien des surprises. Comme de fait, j'ai eu des nouvelles de Gabrielle quelques années plus tard. Elle s'était inscrite à un cours d'espagnol dans un collège communautaire où elle s'était fait une nouvelle amie qui l'avait finalement présentée à l'homme qui est maintenant son fiancé. (Et oui, c'est un latino!)

• • •

Toutes ces histoires ont pour but de vous montrer que même si vous n'avez pas d'emprise sur le jour exact, le lieu et le moment où votre âme sœur apparaîtra, vous pouvez très bien faire jouer la chance en votre faveur en prenant activement les choses en main dans votre vie. Souvent, cela signifie de poursuivre des intérêts que vous avez mis en veilleuse. Si vous attendez pour faire quoi que ce soit, faites-le maintenant. Si vous aimez le tennis, mais que vous n'avez pas touché à une raquette depuis des années, inscrivez-vous à un club ou prenez un cours. Si vous rêvez de marcher dans la nature avec votre bien-aimé, joignez-vous à un tour guidé dans un parc régional près de chez vous, ou donnez-vous comme objectif de vous arrêter à la plage ou à une autre aire de loisirs après le travail. Si vous avez une passion pour la lecture, joignez-vous à un cercle littéraire.

Voyez les choses sous cet angle : quel est le pire qui peut arriver si vous décidez de poursuivre activement vos intérêts et vos passions? Vous finirez probablement par être plus heureux, en meilleure santé et plus alerte intellectuellement. Fort possiblement, vous rencontrerez des personnes intéressantes et vous pourrez faire connaître vos goûts et vos préférences uniques encore plus clairement à l'Univers.

Cela signifie-t-il que vous devez remplir au maximum votre carnet de rendez-vous d'activités qui, espérez-vous, hâteront le processus d'attraction de votre âme sœur ? Absolument pas ! Si vous croyez devoir sortir tous les soirs parce que vous craignez que l'être aimé ne vous trouve si vous restez à la maison, vous vous trompez. Il y a une grande différence entre accomplir une *action inspirée* et accomplir une *action compulsive*. L'action inspirée, telle que je la définis ici, s'accomplit quand vous savez déjà que vous méritez l'amour, quand vous vous plaisez en votre propre compagnie et que vous avez envie de faire quelque chose qui amplifiera la joie que vous éprouvez déjà. L'action compulsive, par contre, vient d'un état de solitude, de désespoir et de peur. Il ne faut pas oublier que selon la Loi de l'Attraction, « les semblables s'attirent. » Quand vos actions sont motivées par un sentiment de vide ou une insatisfaction, il est fort possible que vous n'attiriez que davantage de vide et d'insatisfaction.

Ayez confiance que tout fonctionnera bien. Agissez quand vous percevez des signes qu'il est temps d'agir, et ne vous sentez pas dans l'obligation d'agir quand l'inspiration est absente. Comme l'a découvert ma chère amie Peggy McColl, auteure *de La switch de votre destin,* best-seller du *New York Times,* parfois l'amour vous trouve quand vous faites le choix de ne rien faire.

L'histoire de Peggy
Mon âme sœur est venue frapper à ma porte !

Après mon divorce, j'ai été une mère à la maison et je m'étais aménagé un bureau pour exploiter une entreprise sur Internet. J'avais donc très peu de contacts personnels avec les gens. Je vivais dans un quartier résidentiel, entourée de familles où, à ma connaissance, il n'y avait aucun homme célibataire libre. Je continuais de croire que mon âme sœur existait quelque part, mais il était difficile de ne pas remarquer que les années défilaient pendant que j'attendais qu'il se manifeste. Je me demandais aussi *comment* diable il allait me trouver puisque je travaillais à partir de chez moi et que je passais la plupart de mes journées presque dans l'isolement.

Graduellement j'ai laissé de côté mon besoin de savoir où et comment il allait arriver dans ma vie et un jour, au début de janvier, j'ai simplement décidé ce qui suit : *Mon âme sœur et moi allons nous rencontrer facilement, sans effort et parfaitement.* C'est devenu mon mantra quotidien et j'ai acquis une émotion inébranlable, la foi.

Quelques jours plus tard, je faisais une promenade avec ma chienne, Noelle. Après avoir aperçu un autre chien sur la pelouse avant d'un voisin, Noelle a bondi pour aller dire «bonjour» à ce nouveau venu dans le quartier. Dès que le propriétaire du chien a sorti de la maison, je me suis dit : *Hum… il est beau !* Nous avons commencé à bavarder et au milieu de notre conversation, je me suis surprise à penser : *Voilà le genre de gars avec qui j'aimerais être.* Il paraissait doux, aimable et attentionné et, de toute évidence, il aimait les chiens. De plus, il était beau et avait l'air viril. À partir de ce moment, j'ai gardé l'esprit ouvert sur la façon dont il allait rebondir dans ma vie, résistant à l'envie de « provoquer les choses » et ayant foi dans l'Univers, sa sagesse et son rythme.

Puis, par un matin d'hiver neigeux, ma sonnette a retenti et là se tenait mon nouveau voisin qui me demandait de prendre soin de son chien parce qu'il devait se rendre au travail (c'était un pilote en disponibilité) et que sa gardienne n'était pas libre. À son retour, je l'ai invité à prendre un café et la suite, tout le monde la connaît. Nous sommes tombés amoureux et en peu de temps avons formé un couple. Deux ans et demi plus tard, nous étions mariés.

UNE PRATIQUE QUOTIDIENNE

Une fois que vous avez acquis la « certitude » que votre âme sœur est en route vers vous, instaurez une pratique quotidienne qui consiste à consulter votre intuition à propos des actions concrètes que vous pouvez faire pour faciliter quelque peu votre *rencontre*.

Chaque matin, récitez une prière de gratitude et n'oubliez pas d'allumer la lumière dans votre cœur.

Au fil de la journée quand vous croisez des personnes, souriez et manifestez-leur de l'amour. À tous ceux que vous rencontrez — hommes, femmes, enfants, animaux — transmettez des ondes d'amour. Vous vous sentirez mieux et eux aussi, *et* vous serez d'une séduction incroyable.

✓ *Poussez* l'exercice un peu plus loin et imaginez que votre âme sœur vous observe 24 heures par jour, 7 jours sur 7. De cette perspective, évaluez votre comportement avec les autres. Faites-vous preuve d'amabilité, d'affection, de délicatesse et d'attention envers votre entourage ? Voyez ce que vous feriez différemment si votre âme sœur était à vos côtés et commencez dès aujourd'hui à vous conduire de cette façon.

✓ *Si,* après avoir fait les exercices de ce livre, vous avez une idée plus claire de ce que vous recherchez chez un ou une partenaire, assurez-vous de faire une mise à jour auprès de vos amis en leur dévoilant ce que contient votre liste.

✓ *Osez* sortir par vous-même. Je connais plusieurs femmes qui ont rencontré leur chéri dans un café où elle était allée toute seule.

✓ *Modifiez* votre routine. La plupart d'entre nous sommes presque tout le temps sur le pilote automatique. Nous traversons notre vie avec des œillères sans même remarquer ce qui se trouve sous notre nez. Un jour, mettez-vous au défi de faire au moins une chose différemment. Par exemple, pour votre séance d'exercices allez dans un nouveau gymnase; si vous faites de la course, de la marche ou de la bicyclette, variez votre trajet. Essayez un nouveau centre de yoga ou faites vos emplettes dans une autre épicerie (l'un des couples les plus sympas que je connaisse s'est rencontré dans le rayon pâtisserie d'un supermarché). Pourquoi essayer du nouveau? Parce que vous devez alors absolument faire preuve de plus d'attention et être dans le présent. Et quand vous êtes davantage dans le moment présent (plutôt qu'absent, affairé ou perdu dans vos pensées), peut-être remarquerez-vous la personne en train de vous remarquer!

✓ *Prêtez* attention aux rencontres synchroniques et suivez vos intuitions.

Récemment, je me suis retrouvée avec Drew Heriot, le réalisateur du film *Le secret,* et sa fiancée, Jenny Keller. Drew et Jenny, qui forment un couple adorable, ont recouru à la Loi de l'Attraction, conjointement avec l'action et l'intuition, et ont obtenu des résultats plutôt époustouflants.

L'histoire de Drew et Jenny
La Loi de l'Attraction marche... à tout coup

DREW : En 2006, j'ai rompu avec la femme avec qui j'étais en relation depuis quatre ans. Tous les deux croyions qu'il était préférable de nous séparer pour notre évolution personnelle.

JENNY : C'est l'année où j'ai quitté le Midwest pour venir m'installer à Los Angeles. On m'avait offert la possibilité de faire mon externat de doctorat où je le souhaitais et j'ai décidé de sauter sur cette occasion pour expérimenter du nouveau dans ma vie, avec la garantie que ce n'était qu'un engagement d'un an. Comment pouvais-je refuser ? Cependant, un mois à peine après mon déménagement, j'ai mis fin à mon couple de deux ans et j'ai compris qu'il était temps de réévaluer ce que je voulais dans une relation.

DREW : Donc, en octobre 2006, à notre insu, Jenny et moi étions chacun étendus sur notre lit — ignorant l'existence l'un de l'autre — en train de mettre sur papier ce que nous recherchions chez l'âme sœur. C'est-à-dire que moi j'écrivais. Jenny, elle, à sa manière habituelle, remplissait un tableau.

JENNY : Eh ! Je trouvais que c'était une idée formidable. J'ai organisé mon tableau en colonnes : Doit avoir, Souhaitable, Intolérable.

DREW : Après avoir clarifié ce que je voulais chez une femme, je me suis mis à attendre avec la même hâte que je ressens après avoir commandé un repas délicieux qui arrivera sous peu. Comment, quand et où ? Cela ne m'importait pas. Et alors l'Univers, à sa manière typique, a créé le rendez-vous le plus merveilleux avec elle environ trois mois plus tard. Jenny était assise devant moi à une conférence de John Demartini (l'un des maîtres figurant dans *Le secret*). Sa conférence portait — le croirez-vous — sur le dépassement du mythe et de la fantaisie pour créer une intimité authentique dans une relation.

JENNY : Ce soir-là, j'ai failli ne pas y être. Au retour du travail, j'étais tombée endormie sur mon lit. À mon réveil, j'avais juste eu assez de temps pour m'habiller et me rendre là-bas. Dans mon état de somnolence, j'avais considéré l'idée de ne pas y aller en me disant que j'étais fatiguée et que puisque j'étais toute seule je ne décevrais personne. Toutefois, quelque chose en moi me disait que je devais y aller. Cette sensation ne m'était pas étrangère ; c'était la voix intérieure qui me dit toujours : *quelque chose t'attend.* Donc, quand je l'ai entendue, je me suis vite habillée et je suis sortie.

Dès que je suis entrée dans la salle, je l'ai vu. En fait, nous sommes entrés ensemble et il s'est assis derrière moi. Je me souviens de l'avoir trouvé mignon et *Oh là là ! Il avait un accent australien. Comment avais-je pu oublier d'inclure ce détail dans ma liste ?*

DREW : Elle s'est retournée de son fauteuil pour bavarder un peu. Elle était si belle et lumineuse.

JENNY : Après la conférence, Drew a rejoint John et je me suis levée pour partir. Mais quand j'ai vu Drew et John en train de discuter, j'ai rassemblé mon courage pour leur demander s'ils avaient envie de prendre un café. J'ai donc acheté un des livres de John et me suis dirigée vers l'estrade pour lui demander de l'autographier. Sa signature m'importait peu —je voulais simplement me rapprocher de Drew.

DREW : Tu as acheté le livre pour ça ?

JENNY : Oui ! Je ne te l'ai jamais dit ?

DREW : Oh, chérie, je ne savais pas !

JENNY : De toute façon, pendant que John signait le livre, Drew et moi avons échangé un regard, mais ni l'un ni l'autre n'avons eu le courage de demander un numéro de téléphone.

DREW : Je n'ai jamais su comment demander un numéro de téléphone autrement que d'une manière stupide.

JENNY : À cet instant, deux personnes sont venues vers Drew et l'une a dit à l'autre d'un ton excité : « Et voici le réalisateur du Secret. » C'est alors que ma réaction a pris le dessus. J'ai quitté la salle alors que Drew, au beau milieu d'une phrase, m'a fait un petit salut de la main, en décidant que nous vivions dans des mondes différents.

Dix jours plus tard, mon monde m'a conduite à un mariage chez Agape.

DREW : Ainsi que le mien. Oh là là, nous vivons dans des mondes tellement différents, ma chérie ! Quand je t'ai vue à ce mariage, j'ai commencé à comprendre le message. Après tout, si j'avais été l'Univers en train d'essayer de me faire rencontrer une fille, n'aurais-je pas opté pour ces deux événements si appropriés, une conférence sur les relations et un mariage ?

JENNY (en riant) : Tu oublies la partie la plus drôle ! Quand il s'est assis dans le fauteuil exactement devant moi à la cérémonie, j'avais peine à le croire. J'ai donné un coup sur son fauteuil et il s'est retourné, offusqué mais apparemment heureux de me voir. Et tout ce qui a sorti de sa bouche c'est : « Oh là là, je n'ai pas mis de gel dans mes cheveux. »

DREW : Eh bien, c'était vrai. C'était plutôt embarrassant. L'unique fois où je n'en mets pas et voilà que ma douce regarde ma tête toute la soirée.

JENNY : Ce soir-là, nous avons échangé nos numéros.

DREW : Inutile de dire qu'elle correspondait exactement à ma liste et plus encore. J'ai découvert par après qu'elle aussi avait une liste. J'ai toutes les qualités qu'elle avait mentionnées.

JENNY : Merveilleux, n'est-ce pas ?

• • •

Évidemment que leur histoire est merveilleuse, mais de plus vous pouvez en tirer une leçon. Afin que se manifeste le désir que nous avons confié à l'Univers, nous devons demeurer à l'écoute des élans de notre intuition.

Plus important encore, nous devons avoir la volonté d'appuyer ces élans par l'action. Parfois notre intuition nous incite à agir en dehors de notre zone habituelle de confort. Jenny aurait probablement été plus à l'aise chez elle à se relaxer au lieu de se rendre à la conférence ce soir-là — de même qu'il lui aurait sans doute été plus facile de quitter la salle au lieu de s'approcher de Drew. En rassemblant le courage nécessaire pour suivre son instinct en accomplissant une action, elle a été orientée vers son partenaire idéal.

Il y a un proverbe africain qui s'énonce comme suit : « Priez en faisant bouger vos pieds. » Pour moi, cela signifie que la manifestation est une question d'équilibre entre être et faire. Quand votre intuition vous dit qu'il est temps de vous relaxer, oubliez le besoin d'agir et *soyez* tout simplement. Et quand vous ressentez l'inspiration d'agir, foncez !

CHAPITRE 8

Savourer l'attente

...

La magnificence de ta beauté
me fait perdre la tête, et je souhaite te voir
avec des centaines d'yeux…
je suis dans la maison de la grâce,
et mon cœur est un lieu de prière.

Rumi

Quand les graines d'une fleur ont été semées dans la terre et que les premières feuilles apparaissent, le jardinier ne tire pas sur elles chaque jour pour qu'elles poussent plus vite. Il fait confiance à la nature pour jouer son rôle et sait qu'au moment opportun les fleurs s'épanouiront. Tel un jardinier, vous avez semé une graine et invité l'amour à se déployer dans votre vie. Vous avez clarifié le genre de personne avec qui vous voulez être ; vous avez écouté vos intuitions ; vous avez agi en dehors de votre zone de confort habituel et vous avez fait de la place à votre âme sœur dans votre maison et votre cœur. Votre travail est fait ! Vous pouvez maintenant vous relaxer, savourer le moment et avoir confiance qu'en temps et lieu, grâce à une attention et à des soins constants, ces graines germeront et porteront fruit. À ce stade, votre unique intention est de prendre plaisir à l'aventure elle-même et de savourer l'expérience qui consiste à anticiper avec joie l'arrivée de votre âme sœur.

À peu près à l'époque où j'écrivais ce livre, Brian et moi préparions des vacances spéciales en Polynésie française pour célébrer son 50ᵉ anniversaire. Puisque nous avions fait nos réservations plusieurs mois à l'avance, nous avons eu beaucoup de temps pour planifier notre itinéraire, penser aux sites que nous voulions visiter et générer pas mal d'excitation à propos de ce qui nous attendait. Bien sûr, passer 10 jours au paradis a été merveilleux, mais je dois dire que la préparation du voyage a été aussi agréable. En fait, quand je faisais mes achats, préparais les bagages et lisais sur l'histoire et la géographie des îles, j'avais l'impression que mes vacances étaient déjà commencées. Le résultat final — nous retrouver ensemble dans un environnement tropical luxuriant pendant 10 jours — a été très satisfaisant, mais le processus qui nous y a conduits l'a été aussi. Durant les jours et les semaines qui ont précédé le voyage, lorsque je pensais à un autre article à apporter ou quand je m'occupais des affaires à traiter durant mon absence, je savourais les instants qui me menaient au voyage comme tel, sachant que tous mes efforts allaient culminer en une récompense attendue depuis longtemps. C'est ce que veut dire « savourer l'attente ».

Permettez-moi de vous donner un autre exemple. Mon amie Claudia aime cuisiner des repas délicieux pour sa famille et ses amis, mais ce n'est pas l'acte de poser la nourriture sur la table ni même celui de regarder ses invités apprécier les mets délectables qu'elle a préparés qu'elle trouve le plus plaisant. Comme elle me l'a expliqué récemment, elle aime l'élaboration, la planification du repas, la découverte de nouvelles recettes et la combinaison de ses aliments préférés partagés avec d'autres personnes. Elle anticipe l'expérience de faire ses courses dans des épiceries spécialisées afin de choisir les ingrédients parfaits les plus frais pour chaque mets. Le jour, elle songe au vin qu'elle servira, au plan de table et à l'ambiance spéciale qu'elle veut créer pour telle occasion. Elle aime mettre de la musique, brasser le contenu de ses casseroles et humer les arômes qui emplissent sa maison quand elle cuisine. Elle se fait une fierté de choisir le type de nourriture qui convient parfaitement à chaque cercle d'amis : de la cuisine sud-américaine pour son amie Carolina qui vient du Chili, du thaï pour ses copines Nancy et Jane qui aiment les mets épicés. Claudia va jusqu'à dire qu'elle s'efforce d'être particulièrement efficace au travail les jours où elle reçoit à dîner. Pour elle, toute l'expérience de la préparation du repas est aussi agréable que l'acte de le consommer — et peut-être même davantage.

Dans ce même état d'esprit, je vous invite maintenant à savourer l'expérience qui consiste à attirer l'amour parfait dans votre vie. Célébrez le fait qu'une meilleure clarté vous a été inspirée concernant le genre de relation que vous souhaitez. Accueillez avec bonheur la sensation d'avoir plus que jamais le cœur ouvert. Laissez-vous inspirer et motiver par le nouvel espace dans votre foyer et votre vie ; laissez-vous entraîner dans une direction positive.

Chaque fois que vous imaginez comment sera votre âme sœur et que vous songez au jour de votre rencontre, vous avez le choix entre deux états d'âme. Vous pouvez choisir de vous immerger dans le désir, la douleur du manque et de l'attente, ou décider consciemment de jouir de cet état de joyeuse anticipation et d'excitation.

C'est la qualité de vos pensées et de vos sentiments qui teinte émotionnellement ce moment de votre vie. Vous avez toutes les possibilités. À une extrémité du spectre, vous pouvez vous laisser envahir par le désespoir et le sentiment de solitude, tandis qu'à l'autre extrémité, vous pouvez vous sentir aux anges et choyé. Il existe de multiples façons de percevoir une expérience — une ballade en montagnes russes, par exemple — et c'est votre perception de votre situation actuelle qui nourrit votre état émotionnel général. Vous pouvez choisir d'être terrifié quand le wagon monte lentement au sommet et créer l'expérience du stress et de l'anxiété en imaginant la suite, ou vous pouvez lever les bras et vous dire : *Voici où j'en suis présentement. C'est l'expérience que m'offre la vie. Mieux vaut apprécier cette ballade!*

Maintenant que je vous ai présenté ce choix élémentaire, je veux que vous sachiez que je comprends très bien à quel point il peut être difficile de se sentir tout à fait prêt à partager sa vie avec quelqu'un quand cette personne ne s'est pas encore manifestée. Les occasions spéciales telles que les mariages, les dîners, les réunions familiales et les vacances peuvent être particulièrement pénibles. Il est donc vital de vous mettre dans le bon état d'esprit avant chacun de ces événements.

J'ai déjà lu l'histoire d'une femme qui, dans la perspective de passer une fois de plus des vacances seule, a décidé de faire quelque chose de vraiment créatif. Elle s'est plongée dans un processus méditatif où elle se visualisait mariée depuis quelques années avec son mari. Elle imaginait qu'ils se remémoraient ensemble leur vie avant de se connaître. Puis, elle s'est posé une question que je trouve formidable : *quelles histoires et quelles expériences de mon passé ai-je hâte de partager avec lui un jour ?* Cette question lui a donné une perspective

S'aimer soi-même est non seulement nécessaire et bon, c'est une condition préalable pour aimer les autres.

Rollo May

nouvelle qu'elle n'avait jamais considérée auparavant et soudain il lui est venu une multitude d'idées originales. De ce nouveau point de vue, elle s'est rendu compte qu'elle voulait que son âme sœur comprenne l'ampleur de sa générosité et de son attention envers les autres. Cette prise de conscience lui a donné envie d'organiser une collecte de vêtements pour un organisme venant en aide aux mères monoparentales. Elle a aussi découvert qu'elle voulait que son âme sœur apprécie son goût pour le plaisir et l'aventure. Cette prise de conscience lui a donné envie de planifier une croisière improvisée avec quelques amies. Finalement, elle s'est aperçue qu'elle voulait que son âme sœur sache qu'elle était une femme qui estimait la sensualité et qui aimait être dorlotée. Cette prise de conscience lui a donné envie d'utiliser un bon-cadeau qu'elle possédait depuis plusieurs mois pour aller se faire bichonner toute une journée dans un établissement thermal offrant exercices, bain de vapeur, soins des pieds et du visage.

Ce qu'elle a fait ensuite était vraiment brillant. Elle a décidé de capter « Noël 1997 » en prenant des photos de chaque occasion et de monter un album intitulé « Ce que j'ai fait à Noël pendant que je t'attendais ». Elle a laissé libre cours à sa créativité ; non seulement elle a rempli son album de photos, mais elle a aussi noté des faits sur elle-même que son âme sœur trouverait sans doute adorables et amusants : elle avait manié les bâtons de majorette à l'école secondaire ; à 10 ans elle avait organisé une mission dans le voisinage pour trouver des foyers aux chats et aux chiens abandonnés ; à 12 ans, elle avait eu un gros béguin pour Elton John. Tout en profitant au maximum des vacances des Fêtes, alors qu'elle ajoutait des photos et des anecdotes dans son album, elle a soudain eu l'impression que son âme sœur la surveillait à partir du futur (ce qu'il faisait effectivement, comme elle l'a découvert). En conséquence, elle planifiait ses activités plus consciemment et les savourait plus pleinement. Même si elle n'a rencontré son âme sœur qu'à l'été 1998, elle affirme qu'ils ont passé les fêtes de fin d'année ensemble en 1997.

Si vous saviez sans l'ombre d'un doute que votre premier rendez-vous avec l'homme ou la femme de vos rêves aurait lieu dans quelques mois, que feriez-vous présentement pour vous assurer de profiter au maximum de ce moment ? J'ai élaboré la prochaine conscientisation du sentiment afin de vous permettre de considérer votre vie actuelle sous la perspective du partenariat que vous allez bientôt créer.

Conscientisation du sentiment
Savourer l'attente

Trouvez un endroit tranquille et apaisant dans votre foyer où vous pouvez vous asseoir pour vous détendre. Adoptez une position confortable et respirez profondément plusieurs fois. Sentez que vous vous enfoncez dans votre fauteuil à mesure que vous commencez à vous détendre. Laissez tout stress et toute tension s'écouler de vous et pénétrer dans le sol sous vos pieds.

Tout en vous relaxant, amenez votre attention sur chaque partie de votre corps et remarquez les endroits où vous sentez de la chaleur, de la douceur et du bien-être. Inspirez en vous concentrant sur ces espaces moelleux; laissez-les prendre de l'ampleur et englober tout votre corps.

À la prochaine respiration, imaginez que cinq ans ont passé et que vous êtes en compagnie de l'être aimé dans un lieu tranquille et agréable, tout comme vous l'êtes présentement. Peut-être êtes-vous installés tous les deux à une table éclairée par des chandelles; peut-être êtes-vous enlacés au lit. Prenez le temps de percevoir les détails que seul peut fournir votre cœur sur l'endroit où vous êtes et ce que vous faites. Êtes-vous mariés? Avez-vous des enfants? Inspirez et abandonnez-vous dans la joie de cette scène. Votre rêve s'est réalisé. Vous êtes en compagnie de votre âme sœur et vous êtes au comble du bonheur. Laissez cette réalité s'imprégner profondément dans chaque fibre de votre cœur et de votre esprit.

Imaginez que vous regardez votre amour dans les yeux et que vous vous rappelez ce que vous faisiez juste avant de vous rencontrer. Quels aspects de votre vie de célibataire avez-vous le plus envie de partager? Comment jouissiez-vous de la vie et savouriez-vous chaque journée pendant que vous vous prépariez à sa venue? De la perspective d'une relation profondément ancrée avec votre âme sœur, réfléchissez à ce qui vous procurait du bonheur, de la fierté et à ce qui vous faisait rayonner de joie avant votre rencontre.

Remarquez comme il est bon de savoir que vous vous sentiez bien avec vous-même — avant même de rencontrer votre partenaire. Bien avant que votre partenaire soit amoureux de vous, vous vous aimiez vous-même et votre vie, profitant au maximum de chaque jour et donnant le meilleur de vous-même en tout temps. Prenez conscience comme c'est bon et insufflez cette sensation en vous. Peut-être le vivrez-vous comme un sentiment de bonheur ou une impression de fierté et d'accomplissement, ou encore comme une sorte de sensualité accompagnée d'un «hummm… comme c'est bon!» Laissez ce sentiment s'intensifier et remarquez qu'il prend une teinte et une forme particulières, telle une jolie bulle entourant tout votre corps. Voyez de quelle couleur est votre bulle de joyeuse anticipation et laissez-la entourer puis pénétrer votre cœur, rayonner par vos yeux et chaque partie de votre corps. Au-delà du temps et de la distance, vous et votre âme sœur êtes unis en ce moment même et chaque fois que vous expérimentez la joie, le bonheur et le plaisir, cette bulle de joie brille tel un phare qui l'oriente vers vous. Chaque jour compte. Chaque choix compte. Et il vous appartient de profiter au maximum de votre vie présentement.

Ramenez maintenant votre attention sur l'instant présent, tout en conservant cette sensation de joie. Sachez qu'en vous engageant à profiter de chaque jour au maximum, vous vous unissez à l'être aimé dans votre conscience. Tandis que vous vous préparez à son arrivée, il se prépare aussi à la vôtre. Inspirez profondément et savourez l'attente, en ayant conscience que votre destin est entre les mains de l'Univers et que votre amour s'en vient.

Prenez une dernière inspiration longue et profonde et, en expirant, joignez les mains près du cœur comme pour prier afin de vous ancrer dans le souvenir et le sentiment d'une joyeuse anticipation.

Quand vous êtes prêt, ouvrez lentement les yeux.

• • •

Après cette conscientisation du sentiment, prenez le temps d'écrire dans votre journal le genre de choses que vous avez hâte de vous remémorer avec votre âme sœur et engagez-vous à créer ces expériences immédiatement pour vous-même. Ce n'est certainement pas pour rien que ces idées précises vous sont venues et les mettre en application vous apportera des récompenses que vous ne pouvez même pas imaginer actuellement.

UNE LETTRE D'AMOUR DE DIEU

J'ai reçu un exemplaire de la lettre suivante, il y a plus de 20 ans, et jamais je n'ai réussi à découvrir qui en était l'auteur. Quand j'étais célibataire, la lecture de cette lettre m'a beaucoup inspirée et c'est pourquoi je la partage avec vous maintenant. Quand vous la lirez (et je vous recommande de le faire tous les jours), inhalez en vous la vérité de ces mots et voyez s'ils libèrent un espace intérieur pour apprécier davantage ce que vous possédez actuellement, tout en anticipant avec joie ce que l'avenir vous réserve.

Cher être,

Chacun désire se donner complètement à quelqu'un, vivre une profonde relation sentimentale avec une autre personne, être aimé intensément et exclusivement, mais je dis : « non ». Tant que vous n'êtes pas satisfait, heureux et content de votre célibat ; tant que vous ne vous êtes pas donné totalement et sans réserve à Moi, vous ne serez pas prêt à vivre la relation personnelle, unique et profonde que j'ai planifiée pour vous. Jamais vous ne vous unirez à quiconque ni à quoi que ce soit, tant que vous n'êtes pas uni à Moi. Je veux que vous cessiez de planifier et d'espérer et que vous me permettiez de vous offrir le plan le plus excitant de l'existence — un projet que vous ne pouvez même pas imaginer. Je veux le meilleur pour vous. S'il vous plaît, laissez-Moi vous l'offrir.

Vous devez Me surveiller en tout temps et vous attendre à ce qu'il y a de mieux. Continuez d'expérimenter la satisfaction que Je suis. Continuez d'écouter et d'apprendre les choses que Je vous dis. Attendez. Tout simplement. Ne soyez pas impatient. Ne vous inquiétez pas. Ne regardez pas ce que les autres ont ou ce que je leur ai donné. Ne regardez pas les choses que vous pensez vouloir. Continuez de Me regarder, sinon ce que Je veux vous montrer va vous échapper. Et alors, quand vous serez prêt, Je vais vous surprendre avec un amour beaucoup plus merveilleux que tout ceux dont vous avez rêvé.

Voyez-vous, tant que vous n'êtes pas prêt, tant que la personne que J'ai choisie pour vous n'est pas prête (Je travaille en ce moment même à ce que vous soyez tous les deux prêts en même temps), tant que tous les deux vous n'êtes pas satisfaits de vivre exclusivement avec Moi la vie que Je vous ai préparée, vous ne pourrez expérimenter l'amour qui est conforme à votre relation avec Moi — l'amour parfait.

De plus, cher être, Je veux que vous connaissiez cet amour merveilleux. Je veux voir en chair et en os une représentation de votre relation avec Moi et apprécier matériellement et concrètement l'union éternelle de la beauté, de la perfection et de l'amour que Je donne. Sachez que Je vous aime totalement. Croyez-le et soyez satisfait.

Avec amour,
Dieu

CHAPITRE 9

S'aimer
soi-même

...

Vous, vous-même, tout autant que
quiconque dans tout l'Univers,
méritez votre amour et votre affection.

Bouddha

Gandhi a déjà dit que nous devions «devenir le changement que nous souhaitons voir dans le monde». Tandis que vous vous préparez à attirer votre âme sœur, vous pouvez mettre en application cette sagesse intemporelle en *devenant* l'amoureux ou l'amoureuse, l'ami ou l'amie, le compagnon ou la compagne, le ou la partenaire et l'âme sœur que vous cherchez.

Arrêtez-vous un instant pour y réfléchir. Nous gaspillons tellement de temps et d'énergie à projeter dans l'avenir à quel point nous serons bien, prendrons bien soin l'un de l'autre et serons fiers d'avoir enfin trouvé notre âme sœur. Ce genre de pensée peut nous procurer une excitation pour l'avenir, mais ne nous apporte rien dans le présent. Même s'il est parfois vrai que la rencontre d'une personne — un amour, un ami, ou même un patron ou un collègue — peut être le catalyseur qui nous inspire à évoluer positivement, plus souvent qu'autrement, cela fonctionne inversement. *D'abord,* nous décidons d'évoluer, de nous aimer, de tirer le meilleur de nous-mêmes et de notre situation, et cet engagement entraîne *ensuite* des occasions d'amour et de relation dans notre vie.

Lorsque vous réfléchissez aux qualités que vous voulez chez une âme sœur, il faut vous demander si vous les possédez vous-même ou sinon, ce que vous devez faire pour les cultiver. Tout comme une graine germe grâce à la chaleur du soleil, nos qualités se déploient quand nous leur accordons de l'attention.

Voici un exemple. Si vous souhaitez être avec une personne affectueuse, dévouée et aimable, vous devez vous engager à cultiver vous-même ces qualités. Recherchez toutes les occasions de démontrer de la dévotion, de l'amabilité et de l'affection à votre entourage — que ce soit avec un commis de magasin, votre facteur, un télévendeur (je sais, celui-là est particulièrement difficile) ou, surtout, avec *vous-même !* Si vous voulez quelqu'un de passionné, généreux et sociable, vous devriez à tout instant du jour chercher des moyens d'acquérir, de cultiver et d'entretenir ces caractéristiques chez vous. Pas pour l'avenir, mais dans votre vie telle qu'elle est en ce moment. Une bonne façon d'aborder ce devoir consiste à imaginer que vous êtes l'homme ou la femme de vos rêves et à vous demander : *Si j'étais l'être cher, serais-je amoureux ou amoureuse de moi ?* Si vous répondez non, efforcez-vous de devenir une personne qui vous inspirerait l'amour. Vous connaissez le vieux dicton : «Riez et le monde rira avec vous»? Il est aussi vrai que lorsque vous vous aimez, le monde entier reflète cet amour sur vous. L'exercice suivant vous aidera à déterminer les étapes que vous devez franchir afin de devenir l'amour que vous cherchez.

• • •

Vous aurez besoin de :

- plusieurs feuilles de papier et un crayon

- un fauteuil confortable

- 15 à 30 minutes sans interruption

Imaginez que vous rédigez une annonce en ligne dans laquelle vous devez énumérer vos 10 atouts principaux. Prenez ensuite un peu de temps pour nommer vos traits les plus agréables. Si rien ne vous vient à l'esprit, pensez aux compliments que vous font les gens. Êtes-vous une personne généreuse, compatissante, amicale, gentille, prévenante, attentionnée ou amusante ? Écrivez vos qualités.

En relisant cette liste, assurez-vous qu'elle reflète bien le meilleur de vous-même. Sinon, remaniez-la. Personne d'autre que vous ne verra cette liste ; elle ne servira qu'à vous, alors exprimez-vous honnêtement.

Lorsque vous avez établi la liste de vos 10 qualités les plus délicieuses, les plus désirables et les plus admirables, il est temps de formuler une affirmation qui inclura ces vérités sur vous. Cela pourrait ressembler à ce qui suit : Je suis une femme passionnée, compatissante, aimable, sympathique, serviable, aventureuse, affectueuse, sensuelle et portée sur la spiritualité. J'aime tout de moi, *en tout temps*.

Deux fois par jour pendant les 30 prochains jours, tenez-vous devant un miroir, faites un grand sourire et récitez votre affirmation à haute voix. Regardez-vous bien dans les yeux en déclarant cette vérité sur vous-même. Je vous avertis, au début cela peut paraître très, très bizarre. Faites-le quand même.

C'est le moment de trouver la motivation intérieure pour faire émerger le meilleur de vous-même — non pas dans l'intérêt de votre âme sœur, mais pour votre propre bonheur et satisfaction. Quand vous en serez capable, vous aurez découvert l'une des plus puissantes clés pour attirer à vous à peu près tout ce que vous désirez. Et si l'idée d'être en amour avec vous-même évoque pour vous l'égoïsme ou le nombrilisme, je vous assure que ce n'est pas le cas. Voyez les choses ainsi : si vous ne vous aimez pas ; si vous n'appréciez pas honnêtement et viscéralement les caractéristiques adorables, agréables et exceptionnelles que vous possédez ; si vous n'avez pas encore accepté avec compassion vos défauts ni compris comment ils ont façonné votre personnalité unique ; si vous ne traitez pas votre corps avec tendresse et sensualité ; pouvez-vous vous attendre à ce que votre âme sœur fasse tout cela ? La vérité toute simple c'est que lorsque vous vous aimez, vous devenez absolument irrésistible.

La notion d'amour de soi est beaucoup débattue de nos jours ; j'aimerais vous la présenter en termes pratiques. La dernière fois que vous avez voyagé en avion, vous avez sans doute entendu l'agent de bord expliquer qu'en cas de changement de pression atmosphérique vous deviez ajuster votre propre masque à oxygène avant d'aider d'autres personnes à placer le leur. C'est parce que quand un avion perd sa pression cabine, vous perdez conscience environ six secondes plus tard. Si vous n'utilisez pas ce temps pour mettre votre masque, vous ne pourrez aider personne.

Voilà un exemple éloquent de l'amour de soi. Si vous ne vous nourrissez pas à tous points de vue avec de l'amour, de l'estime, des aliments sains, des pensées positives et de la tendresse, vous serez tout simplement dépourvu des ressources nécessaires pour aimer et nourrir une autre personne. Vous aimer signifie prêter attention à vos besoins comme à ceux de l'être aimé. Cela signifie prendre soin de vous comme si vous étiez la personne la plus importante au monde. Cela exige que vous preniez le temps d'explorer et de découvrir ce qui est vraiment important pour vous, dans la vie, et surtout en amour. Quand vous vous aimez réellement, vous n'acceptez plus de compromis sur vos valeurs parce que vous estimez énormément votre bonheur. L'application de ce principe simple a été la clé qui a résolu le mystère de l'âme sœur pour mon amie Stefanie Hartman, un as du marketing.

L'histoire de Stefanie
Le bon parti

(Suite de l'histoire du chapitre 1)

D'accord, je vais l'admettre dès le départ. J'étais le genre de fille qui, tout en fantasmant sur l'idée d'une âme sœur parfaite, croyait que tout cela c'était bidon. Pourtant ma mère m'avait toujours dit : «Ne regarde pas par terre ni derrière toi; regarde juste devant toi et le bonheur saura te trouver.» Et il m'a trouvée — dès que j'ai arrêté de courir après lui.

Donc, comment ai-je attiré mon partenaire parfait?

En résumé, j'étais déterminée à ne plus sortir avec des hommes qui étaient «presque parfaits» — même ceux qui l'étaient à 99 pour cent. J'ai pris la décision de renoncer aux «potentiels parfaits» (ils n'y arrivent jamais, croyez-moi) afin de rencontrer LE bon.

À un moment, j'ai annoncé à mes amis que j'étais une bonne personne, que j'aimais vraiment qui j'étais et que je refusais dorénavant de faire des compromis. J'ai été jusqu'à faire une liste des qualités que je voulais absolument chez un homme, ainsi que des caractéristiques que je ne tolèrerais pas — tout cela, fondé sur la connaissance de moi-même. Je savais que j'avais de l'amour à offrir, mais je n'avais plus de vide à combler. C'est une énorme différence, en réalité. Si un gars ne me convient pas dès le début, il ne vaut pas la peine que je lui consacre du temps. Je ne voulais plus de «gars à améliorer». J'en suis arrivée à me dire : «C'est assez! Oublie toute cette quête de l'âme sœur. Je vais sortir avec mes amies, faire du yoga, m'amuser et faire des promenades au soleil toute seule.» Autrement dit, je me suis à nouveau intéressée à *moi*.

Eh bien, environ une semaine après avoir fait cette déclaration, ma meilleure amie m'a téléphoné pour me proposer un rendez-vous surprise avec un dénommé Jarrod. J'ai protesté. Se moquait-elle de moi ? N'avait-elle pas entendu ma déclaration ? Elle m'assurait que ce serait un rendez-vous amusant et « sécuritaire » (je ne sais trop ce qu'elle voulait dire). En fait, m'a-t-elle dit, elle était sortie avec lui une fois quelques mois auparavant. « Super », ai-je dit, avec sarcasme. « Je vais prendre tes restes — pourquoi ne pas me l'avoir dit dès le départ ? »

Je blague maintenant en disant que ma meilleure amie m'a en fait présenté mon mari avant même notre premier rendez-vous. Elle m'a expliqué qu'elle avait rencontré Jarrod par Internet et qu'elle avait eu un rendez-vous avec lui presque un an auparavant, mais qu'il n'y avait pas de chimie entre eux — pas d'étincelle. Entre-temps, cette amie avait rencontré un autre homme — qu'elle a fini par épouser deux semaines avant mon mariage. Au cours du même week-end, elle avait donc rencontré son mari et le mien. Elle est très organisée.

Nous avons pris contact par courrier électronique et nous avons bavardé ainsi pendant quelques semaines. Puis, nous sommes passés à l'appel téléphonique, puis à la rencontre en chair et en os. Il avait une longueur d'avance sur moi puisque mon amie lui avait donné l'adresse de mon site Web. Il savait donc de quoi j'avais l'air et ce que je faisais ; il avait même lu « les 10 choses que vous préférez sans doute ne pas connaître sur Stefanie ». Moi, je ne savais *rien* de lui. Il m'a même dit à la blague qu'il avait une mauvaise peau et qu'il habitait encore chez sa mère, juste pour m'inquiéter un peu. J'ai proposé un dîner le samedi, mais il a suggéré que nous nous rencontrions d'abord dans un café. (M. Célibataire avait eu trop de premiers rendez-vous ratés et ne voulait pas « gaspiller » un samedi soir.) Si cela se passait bien, m'a-t-il expliqué, il m'offrirait peut-être d'aller dîner. Avant cet instant, je croyais ne pas avoir d'ego. Je me suis sentie insultée à cause de ce que je considérais comme un « déclassement ». (De toute évidence, il n'avait aucune idée du nombre d'hommes sur Internet qui attendaient un rendez-vous avec moi… Hum !) En bout de ligne, ce commentaire m'a dérangée juste assez pour piquer ma curiosité et j'ai eu envie de découvrir qui était ce type.

Prenant une revanche de petite fille, j'ai décidé d'enlever mon joli « costume de rendez-vous » récemment acheté et de revêtir un jean, avec un chandail débardeur et des sandales de plage. Pour moi, cet accoutrement disait éloquemment « je m'en fous ». Satisfaite de ma boutade, j'ai attendu son arrivée. Puis on a frappé à la porte et j'ai ouvert.

Nous nous sommes regardés fixement en silence, tandis que la porte s'ouvrait tout grand. Il a pensé : *Oh là là, elle est superbe… c'est le gros lot !* (ses mots à lui, non les miens : satané débardeur — je ne pensais pas tellement comme un homme) et moi : *Oh non, je porte le mauvais costume,* en le voyant si bien habillé et terriblement beau. Qu'il suffise de dire que nous avons dépassé l'étape du café ; en fait, notre premier rendez-vous a duré huit heures. Entre le café et le dîner, je l'ai fait patienter alors que je procédais à un rapide changement vestimentaire et que je remettais le costume prévu au départ, digne d'un rendez-vous merveilleux.

Et c'est ainsi que notre «monogame en série» (appelons-le ainsi) a rencontré… le «jongleur» (il existe d'autres appellations, mais celle-ci me semble la plus drôle). Il appréciait certainement sa vie de célibataire. Même si notre style de recherche de partenaires différait, nous étions tous les deux déterminés à ne pas nous contenter d'un «presque parfait» (lui aussi avait vécu une rupture douloureuse), et tandis que j'avais écrit une liste de ce que je voulais retrouver chez un partenaire, lui en avait une en tête (la sienne se rapprochait davantage d'une intuition : il saurait quand il la rencontrerait.)

Après notre deuxième rendez-vous, M. Célibataire (jonglant avec cinq femmes dans deux pays) a confié à son meilleur ami — lors de leurs comptes-rendus de rendez-vous — qu'il avait rencontré la femme qu'il allait épouser. Voici exactement ce qu'il a dit : «C'était comme si le destin m'avait envoyé la femme parfaite pour moi et je l'ai reconnue. Je savais que ma vie était sur le point de changer. J'ai su que c'était la femme avec qui je passerais ma vie.» Ses amis n'en croyaient pas leurs oreilles car cela lui ressemblait si peu. De toute évidence, ce soir-là, il a eu quelques appels téléphoniques difficiles à faire. Désolée, les filles !

Nous nous sommes fiancés, avons acheté une maison, adopté un chien et nous sommes mariés ; tout cela

> S'aimer soi-même est le début d'une histoire d'amour qui durera toute une vie.
>
> *Oscar Wilde*

en deux ans. Rien ne nous a semblé expéditif; tout nous paraissait naturel. Le mariage nous a paru tellement inévitable, tellement naturel et tellement approprié dès nos premières fréquentations. L'un de mes souvenirs préférés de cette journée de mariage si spéciale, c'est le moment où durant la cérémonie je l'ai fait sourire et rire au point qu'il en a eu les larmes au yeux (il affirme qu'il avait une poussière dans l'œil). Étonnamment, j'étais très calme et tellement prête à remonter l'allée centrale que j'ai presque couru — mon père a dû me retenir.

Jamais nous n'avons craint d'être nous-mêmes ensemble; en fait, c'est ce que nous avons exigé dès le départ, et cela a été souligné quand nous avons prononcé nos vœux. Jarrod avait reçu un «avertissement» de ses amis mariés : une fois marié, son opinion n'aurait plus jamais d'importance. Nous avons rédigé nous-mêmes nos vœux et quand j'ai dit : «Je te promets d'écouter ce que tu as à dire», je n'ai même pas fini ma phrase que Jarrod s'esclaffait. Il ne pouvait s'arrêter de rire. J'ai donc soulevé la feuille sur laquelle les vœux étaient écrits et j'ai dit : «Je le veux! C'est écrit ici noir sur blanc!» Et alors toute l'assemblée s'est tordue de rire. Qui a dit qu'un mariage devait être ennuyeux?

Rencontrer Jarrod m'a fait prendre conscience que la façon de reconnaître une véritable âme sœur, c'est en constatant que son caractère — son système de valeurs le plus profond et précieux — correspond au vôtre. Si je devais vous conseiller de rechercher un seul aspect chez une âme sœur, ce serait le sentiment de reconnaissance qui vous donne l'envie de dire : « Me voilà enfin chez moi. »

Quand j'ai rencontré Jarrod, tous les deux avons instantanément eu l'impression de déjà nous connaître, comme si nous avions déjà vécu ensemble. Nous nous sentions très calmes, très authentiques, comme si nous avions trouvé notre foyer en l'autre — et pour une femme qui voyage autant que moi, c'est une expérience magique.

Je crois maintenant que chacun de nous a une âme sœur. Dès que vous cessez de vous accommoder du « presque parfait », vous découvrirez que le bon parti existe quelque part et qu'il vous attend.

$$\bullet \quad \bullet \quad \bullet$$

Attirer votre âme sœur grâce à la Loi de l'Attraction n'est pas un jeu de hasard ! C'est une demande très personnelle que vous adressez à l'Univers pour qu'il vous apporte l'amour que votre cœur mérite et désire. Respecter vos critères et vos valeurs — même si pour cela vous devez laisser tomber la gratification immédiate d'un rendez-vous avec une personne charmante mais qui ne vous convient pas à votre avis — est l'essence de l'amour de soi. Et s'aimer soi-même est une condition préalable pour permettre à d'autres de nous aimer.

Pour vous encourager à vous aimer vous-même encore davantage, ma sœur, Debbie Ford, a élaboré cette dernière conscientisation du sentiment. Je vous recommande de la télécharger au www.soulmatese-cret.com/audio et de l'écouter au moins une fois par jour, préférablement le soir avant de sombrer dans le sommeil.

Conscientisation du sentiment
S'aimer soi-même

Quand je suis capable de m'aimer totalement, je suis capable de vous aimer totalement. Abordez cet exercice avec l'intention d'être en amour avec votre soi le plus magnifique : votre soi estimable, tendre et entier.

Inspirez et expirez à fond. À chaque expiration, plongez de plus en plus profondément en vous, jusqu'à cet endroit très calme et paisible où résident toute la sagesse, tout le courage et tout l'amour dont vous avez besoin. Imaginez que vous flottez en ce lieu tranquille et sûr, avec l'intention d'être follement et complètement en amour avec vous-même.

Inspirez encore profondément et en expirant, imaginez que vous flottez dans une causeuse, un endroit où vous vous sentez bien, à l'aise et bercé.

Maintenant, regardez vers la gauche pour visualiser une image de vous-même. Il s'agit de votre soi le plus aimable, la partie de vous qui rayonne de joie et d'espoir, qui sait que vous êtes unique et spécial, qu'il n'y a personne au monde comme vous.

À quoi ressemble ce côté de vous? Peut-être verrez-vous une image de vous quand vous aviez 2, 3, 7, 15 ou 22 ans. C'est vous quand l'amour irradie de vous. Vos yeux sont brillants. Vous êtes irrésistible.

Invitez cette partie de vous à s'asseoir devant vous en prenant une autre inspiration lente et profonde et, au moment d'expirer, unissez-vous cœur à cœur avec elle. Demandez-lui de vous dire ce que vous avez de merveilleux. Qu'est-ce qui vous rend si spécial, si sympathique, si formidable?

Permettez-vous d'entendre la partie la plus aimable de vous-même qui vous dit pourquoi vous êtes digne et méritez de rencontrer et de connaître l'amour de votre vie. Permettez-vous d'écouter toutes les raisons d'être follement et passionnément en amour avec vous-même. Demandez à cette partie de vous de vous indiquer le bien que vous avez accompli et les personnes que vous avez aidées et dont vous avez enrichi la vie.

Permettez-vous d'entendre les qualités si importantes que vous possédez, qui vous rendent unique et tellement aimable.

Maintenant, interrogez cette partie la plus aimable de vous-même pour savoir ce que vous devez abandonner afin d'être en amour avec vous-même encore plus. Quelles pensées, quelles croyances, devez-vous délaisser? À quels comportements ou modèles devez-vous renoncer pour sentir à quel point vous êtes spécial, désirable et formidable?

Inspirez et expirez simplement en accueillant ce que vous venez d'entendre. Et si vous avez la volonté de procéder à ces changements au nom de l'amour, confiez-le à cette partie de vous et déterminez ce que vous pouvez faire cette semaine pour vous assurer d'agir en ce sens. Devez-vous mettre en place un plan, téléphoner à quelqu'un, demander le soutien d'une personne?

Si vous êtes prêt à tout cela, affirmez-le à vous-même et à cette partie aimable en vous.

Demandez maintenant à cette partie de vous donner les mots doux que vous devez vous répéter chaque jour pour vous sentir aimé, pour sentir l'amour, pour vous sentir aimable. Quels mots doux avez-vous besoin d'entendre pour être chaque jour en présence de l'amour? Voulez-vous entendre que vous êtes aimable, que vous êtes parfait tel que vous êtes, que vous êtes sexy, beau, brillant et merveilleux? Que vous êtes un génie? Que vous êtes estimable? Que vous êtes désirable? Que vous êtes compétent, créatif, spécial, important?

Respirez profondément et insufflez ces mots en vous. Maintenant, répétez-les sept fois.

Permettez-vous de voir ces mots s'inscrire dans votre conscience. Aspirez-les en vous, parce que vous êtes digne d'amour.

Remarquez comme votre cœur s'adoucit. Remarquez comme vous vous sentez apprécié. Ce sont vos mots. Vous les avez entendus de la partie la plus aimable en vous.

Reconnaissez la magnificence de votre humanité. Reconnaissez la bonté de votre cœur.

Respirez encore une fois lentement et profondément ; à cette expiration fondra tout ce qui vous empêche de baigner dans l'amour. Permettez-vous de voir comment votre amour pour vous-même profitera à votre entourage : vos enfants, vos frères et sœurs, vos collègues de travail, les gens de votre collectivité, vos amis. Prenez conscience que le fait de vous aimer totalement signifie donner de l'amour à toute personne que vous rencontrez. Permettez-vous de le voir maintenant.

Imaginez maintenant tous les gens qui font partie de votre vie — ceux que vous aimez et ceux qui vous aiment — qui viennent vous donner un baiser sur la joue. Les personnes qui sont encore ici et celles qui sont parties. Permettez-vous de les entendre vous encourager, et laissez leur amour pénétrer chaque cellule de votre corps.

Puis, à votre prochaine expiration, répétez ces mots :
« Je suis aimé. Je suis aimable. Je suis amour. »
« Je suis aimé. Je suis aimable. Je suis amour. »
« Je suis aimé. Je suis aimable. Je suis amour. »

Laissez tout ce qui se trouve entre vous et ces mots fondre et disparaître dans le sol sous vos pieds. Répétez sept fois ce mantra en acceptant que la vibration de ces mots fasse fondre tout ce qui existe entre vous et cette réalité.

« Je suis aimé. Je suis aimable. Je *suis* amour. »
Ainsi soit-il.

• • •

À ce stade, tout ce que vous avez à faire c'est de continuer à être la personne formidable que vous êtes et à
vous aimer encore plus passionnément chaque jour.
Tendez vers l'espace que vous avez créé, réagissez activement aux occasions qui se présentent, vivez en sachant
que vous êtes dans une relation amoureuse engagée et
savourez l'attente de l'être aimé.

CHAPITRE 10

Êtes-vous prêt pour le GRAND AMOUR ?

...

Là où il y a beaucoup d'amour,
il se produit toujours des miracles.

Willa Cather

Êtes-vous vraiment prêt pour le GRAND AMOUR? Si vous pouvez répondre par un *oui* retentissant à chacun de ces énoncés, vous êtes effectivement prêt.

Je crois que je mérite un GRAND AMOUR, que la bonne personne existe et qu'elle me cherche elle aussi.

Je sais clairement quel genre de relation et de personne je veux attirer.

J'ai guéri toutes les blessures de mes anciennes relations.

J'ai créé une carte aux trésors, aménagé un coin Relations dans ma maison ou ma chambre à coucher, établi ma liste de qualités recherchées que j'ai ensuite libérée dans l'Univers.

Je m'aime et apprécie sincèrement ma propre compagnie.

J'ai le temps, l'énergie et les ressources nécessaires pour aimer une personne.

Je vis comme si mon âme sœur était déjà avec moi, tout en savourant l'attente de son arrivée.

Si vous avez répondu oui à ces énoncés, bravo! En mettant en application les principes et en effectuant les exercices de ce livre, vous avez fait votre part pour attirer l'âme sœur dans votre vie. Vous avez clarifié ce que vous vouliez exactement chez cette personne et vous avez « passé votre commande » à l'Univers. Vous vous êtes occupé de soigner les blessures émotionnelles qui maintenaient peut-être l'amour loin de vous à votre insu. Vous avez fait le ménage de votre vie, de votre cœur et de votre maison en anticipant joyeusement l'arrivée de votre âme sœur. Vous avez créé un espace où pourra s'épanouir un nouvel amour. Vous avez remanié vos croyances pour pouvoir dès maintenant attirer la relation amoureuse engagée que vous désirez et méritez. Et sans doute le plus important de tout, vous avez appris que ce que vous *êtes* peut être un aimant bien plus puissant que ce que vous *faites*. En d'autres termes, vous vivez avec vous-même une relation amoureuse en bonne et due forme.

Je me rappelle très nettement cette période de ma vie comme étant très productive et fertile. Voyez-vous, en étant en amour avec vous-même, non seulement vous attirez davantage l'amour, mais vous vous attirez plus d'amis, plus de chances, plus de succès — en fait, tout ce que vous désirez, en plus grande quantité. Je me souviens aussi du jour où j'ai fait une étonnante prise de conscience : même si je ne rencontrais jamais mon âme sœur, j'avais — et continuerais d'avoir — une vie extraordinaire. Cela peut avoir l'air d'un paradoxe, mais

dès que j'ai pu accepter ces deux sentiments simultanément — le sentiment d'aimer ma vie exactement telle
qu'elle était et le sentiment de vouloir la partager avec
quelqu'un — soudain j'ai été en paix. Peu de temps
après cette prise de conscience, j'ai fait la rencontre
magique d'une sainte femme qui a à jamais changé ma
vie.

Le 22 juin 1997, je suis allée voir Amma, la sainte
indienne qui donne son amour dans une étreinte.
Deepak Chopra m'avait parlé d'elle quelques années
auparavant : «Amma est une expérience authentique.
Si jamais tu as la chance de recevoir une étreinte d'elle,
fais-le.» Je me suis donc inscrite à une retraite d'un
week-end durant laquelle je savais que j'allais recevoir
deux étreintes. J'avais passé l'année précédente à me
pardonner ainsi qu'à d'autres personnes pour des relations qui avaient échoué. J'avais dressé ma liste de qualités recherchées chez une âme sœur et je l'avais libérée
dans l'Univers. J'avais décroché de mes amours passés
sur le plan énergétique. Et je croyais fermement dans
mon cœur que mon âme sœur existait. J'espérais maintenant profiter un peu de l'aide d'un pouvoir cosmique
pour nous réunir.

Le premier soir de la retraite, j'ai patiemment
attendu en file pour recevoir mon étreinte. J'étais excitée
et quelque peu nerveuse… J'avais un plan, mais j'ignorais s'il allait fonctionner. On m'avait dit que quand
Amma étreignait quelqu'un, parfois elle lui chuchotait
ou lui chantait quelque chose à l'oreille, mais qu'il ne

fallait pas converser avec elle puisqu'elle ne parlait pas anglais. Quand enfin mon tour est arrivé et qu'elle m'a serrée dans ses bras, j'ai murmuré à son oreille : « Chère Amma, s'il te plaît, guéris mon cœur de tout ce qui m'empêche de connaître mon âme sœur. » En m'entendant, elle a ri et a m'a serrée plus fort. Je « savais » qu'elle avait compris ma prière.

Cette nuit-là, j'ai fait un rêve très clair : sept femmes vêtues de pourpre chantaient pour moi un chant dont les paroles étaient : « Arielle est la femme qui vient après Beth. » À mon réveil le lendemain, j'étais convaincue que c'était un signe — mon âme sœur existait, mais elle était actuellement avec une personne nommée Beth.

Le soir suivant, j'ai eu la chance d'être étreinte une seconde fois par Amma. Cette fois, je lui ai murmuré de bien vouloir m'envoyer mon âme sœur et lui ai débité vivement une partie de ma liste. Encore une fois, elle a ri et m'a serrée fort.

Trois semaines plus tard, j'ai fait un voyage imprévu à Portland, en Oregon. L'un des auteurs avec qui je travaillais, Nick, devait être interviewé dans une émission de télé importante. L'enregistrement, qui au départ devait avoir lieu au studio de L. A., s'est finalement fait au domicile de Nick à Portland et l'éditeur m'avait demandé de m'y rendre en avion pour superviser le tournage. J'avais reçu cet appel tard un jeudi après-midi et je devais être à Portland le lendemain matin. J'ai téléphoné au bureau de Nick et j'ai parlé avec un de ses associés, Brian, qui a accepté de venir me chercher à l'aéroport. Il m'a gentiment expliqué que puisque l'aéroport de Portland était en construction, il ne pourrait me rencontrer à la sortie des voyageurs et m'a précisé où je le trouverais, juste à l'extérieur.

Durant le vol, j'étais nerveuse plus que d'habitude. Au début, j'ai pensé que c'était parce que j'étais en plein régime de détoxication — depuis environ une semaine, je me nourrissais de diverses concoctions de jus et de soupes. Toutefois, j'allais bientôt découvrir d'où provenait cette nervosité. Après l'atterrissage, j'ai suivi les directives de Brian pour sortir de l'aérogare et je l'ai vite repéré. Dès l'instant où je l'ai aperçu, j'ai pensé : *je me demande qui est Beth*. Une autre pensée a suivi aussitôt : *il n'est pas ton genre et tu es un peu bizarre aujourd'hui*.

À notre arrivée chez Nick, l'équipe de tournage s'affairait. Quand tout a été prêt pour l'enregistrement, je me suis assise au fond de la pièce sur un petit banc, à côté de Brian. J'aurais dû me concentrer sur la conversation entre Nick et l'animateur de l'émission, mais j'étais constamment distraite par une envie pressante de masser les épaules de Brian. C'était si intense qu'il a fallu que je m'assoie sur mes mains pour éviter la tentation ! Sur ce banc à côté de Brian, que je venais tout juste de rencontrer, j'ai clairement entendu une voix qui me disait : *C'est le bon. Le moment est arrivé. C'est la personne avec qui tu vas passer ta vie*.

À ce stade, j'étais persuadée que je perdais la tête. Je n'avais jamais entendu de voix auparavant, pas plus que je n'avais eu envie de masser les épaules d'un inconnu.

Que se passait-il ? Après l'entrevue, les lumières se sont allumées et nous nous sommes levés. Brian s'est retourné vers moi et m'a demandé : « Quand je vous ai rencontrée à l'aéroport, avez-vous eu l'impression de déjà me connaître ? » Quelque peu prise au dépourvu, j'ai répondu : « Oui, pourquoi posez-vous cette question ? » Et il a dit : « Parce que j'ai rêvé à vous. »

Ses paroles m'ont tellement époustouflée que je me suis simplement tournée pour me diriger vers la porte en quête d'une bouffée d'air frais. Comme je m'éloignais, j'ai entendu Nick dire à Brian : « Invitons Arielle à dîner ce soir avant qu'elle reprenne l'avion. Et pourquoi n'inviterais-tu pas Elizabeth à se joindre à nous ? » En arrivant sur la terrasse au bord du lac, je me suis dit : *Merveilleux. Il y a donc une Beth. Pas seulement une Beth mais une Elizabeth. Ce doit être sa femme.* Puis, la voix est revenue me dire simplement : *Ne t'inquiète pas. Ils sont comme frère et sœur.*

J'ignorais ce que tout cela signifiait. J'étais excitée, j'avais faim et j'étais quelque peu confuse. Plus tard ce jour-là, Brian et moi sommes allés dîner avec Nick, sa femme et d'autres personnes — dont Elizabeth, qui est venue avec un ami. C'était une chaude soirée d'été et le service n'aurait pas pu être plus lent. Nous avons passé notre commande, mais le repas mettait une éternité à arriver. Avant même que le dîner ne soit servi, j'ai dû quitter pour attraper mon vol de retour. Nick a demandé que la truite que j'avais commandée soit emballée pour l'emporter et Brian a filé sur l'autoroute pour que je sois à l'aéroport à temps. En route, j'ai partagé ma truite avec Brian, tout en entendant des choses qui sortaient de ma bouche et que j'avais peine à croire. Des choses comme : « Tu sais, je ne veux pas d'enfant », ce à quoi Brian a répondu : « C'est pourquoi Elizabeth et moi nous sommes séparés. Elle veut se marier et avoir des enfants. Moi, je ne veux pas. » Puis, je me suis entendue dire : « Je me cherche un partenaire de tantra. » Sur ce, Brian a failli déraper. (J'ai su par après qu'il rêvait à moi depuis trois semaines et que la veille de mon arrivée, nous étions en position tantrique yab-yum, dans laquelle l'homme est assis jambes croisées et la femme, assise sur lui, place ses jambes autour de son dos ; ils sont alors en union complète et leurs chakras sont reliés.)

À l'aéroport, après une étreinte rapide pour se dire au revoir, j'ai couru pour ne pas rater l'avion. En attendant dans l'aérogare, j'ai appelé mon astrologue védique, Marc Boney. Je lui ai parlé brièvement de Brian et lui donné sa date et son lieu de naissance (que j'avais réussi à soutirer de Brian). À mon retour à la maison, Marc m'avait laissé ce message : « J'ai consulté vos thèmes natals. Jamais je n'ai vu une indication aussi claire d'une relation prédestinée. Je prédis que tu vas l'épouser. »

Une semaine plus tard, Nick et Brian sont venus à San Diego dans le cadre de la tournée littéraire de Nick. Brian et moi nous sommes assis au fond de la salle pendant que Nick faisait sa lecture, et avons échangé de petits billets comme de jeunes ados! À partir de là, les choses se sont précipitées : nous nous sommes fiancés trois semaines plus tard. Deux mois après, il a déménagé à La Jolla pour vivre avec moi. Exactement un an après avoir demandé à Amma de m'aider à trouver mon âme sœur (la culmination de deux années passées à mettre délibérément en application les secrets de l'âme sœur que vous venez d'apprendre), elle nous a mariés devant des milliers de personnes lors d'une cérémonie hindoue.

Je suis certaine que nous sommes ensemble aujourd'hui grâce à la préparation que j'ai faite avant de rencontrer Brian. Il fallait que je fasse l'expérience de l'amour «faux» avant d'être prête pour le GRAND AMOUR. Je devais d'abord m'épouser moi-même et devenir la personne aimante, spirituelle, heureuse et prospère que je suis, afin d'être le bon parti pour mon âme sœur sur le plan énergétique. La même chose s'applique à Brian. Il avait du travail à faire; il a dû faire des clarifications et mettre de l'ordre dans ses relations avant d'être en mesure de partager sa vie avec moi.

Je pense que c'est aussi vrai pour vous et votre âme sœur. Voyez-le comme une production grandiose — un spectacle sur Broadway, par exemple. L'excellence et la beauté du spectacle sont le résultat d'une élaboration graduelle qui a eu lieu durant la période capitale qui a précédé le soir de la première. Cela semble magique pour le public, mais d'innombrables heures ont été consacrées à cette intention délibérée derrière la scène.

Ainsi, tandis que vous préparez la scène pour votre merveilleuse histoire d'amour, que vous peaufinez le scénario et l'intrigue, que vous réunissez les acteurs parfaits, sachez que la relation dont vous jouirez avec l'être aimé vous procurera l'amour, l'affection et l'attention que vous lui avez donnés jusqu'à présent.

Sachez aussi que même si vous appliquez méthodiquement les principes et les exercices que vous avez appris dans ce livre, jamais vous ne pouvez réclamer la propriété ou la maîtrise totales de ce processus. Il y a toujours une force invisible qui guide votre main, qui vous donne un coup de pouce sous forme d'inspiration et qui prend beaucoup de plaisir à chaque étape du processus qui se joue. En tant qu'êtres humains, nous profitons du libre arbitre en ce qui concerne nos choix, nos pensées, nos croyances et nos actions. En tant qu'êtres universels, faisant partie d'un grand ensemble, nous sommes transportés dans le courant du rythme divin. Quand chacune de ces forces se croise, la magie opère.

Préparez-vous, faites confiance au facteur temps et prenez plaisir à l'expérience.

Je vous offre mon amour et ma promesse que le GRAND AMOUR s'en vient,

Arielle

Postface

En tant qu'individu qui a étudié, pratiqué et enseigné la Loi de l'Attraction depuis plus de 40 ans, je suis enchanté de tomber sur un livre qui traduit si magnifiquement les principes universels de la manifestation en un plan d'action pour attirer une relation amoureuse enrichissante. Si vous avez appliqué la formule que décrit ici Arielle, vous savez déjà que le processus de la manifestation peut être résumé en une équation à trois étapes : première étape, **demander** ; deuxième étape, **croire** ; troisième étape, **recevoir.**

Le simple fait que vous ayez choisi ce livre indique que vous êtes déjà dans une quête. Vous êtes conscient de votre désir de rencontrer votre âme sœur et satisfaire ce désir est une grande priorité pour vous. En rédigeant votre liste de qualités recherchées et en créant votre carte aux trésors, qui représente visuellement votre relation idéale, vous avez déterminé les caractéristiques qui sont les plus importantes pour vous chez l'âme sœur. Vous avez *demandé* clairement et énergiquement ce que vous voulez. Vous devez maintenant croire en votre capacité de l'attirer à vous.

Depuis la parution du film phénoménal *Le secret* en 2006, des centaines de personnes m'ont abordé pour me confier une inquiétude qui s'énonce à peu près comme suit : *J'ai regardé* Le secret *des dizaines de fois. J'ai visualisé la réalisation de mon désir avec des illustrations détaillées. J'ai créé une carte aux trésors qui représente clairement le but que je me suis fixé. Je médite tous les jours avec l'intention de réaliser ce but, mais je n'ai pas encore ce que je veux.* Quel que soit le but précis qu'elles tentent d'atteindre — maigrir, démarrer une entreprise ou rencontrer l'homme ou la femme de leurs rêves — je réponds toujours la même chose : « Arrêtez de regarder le DVD et sortez de votre fauteuil ! »

Car ce n'est pas un hasard si les six dernières lettres du mot attraction forment le mot ACTION ! Il ne suffit pas de méditer et de visualiser ce que nous voulons créer. Dans tous les domaines de votre vie, pour obtenir des résultats, vous devez vous engager — dans votre âme, votre esprit et votre corps. Cela veut dire agir… et c'est ici que *croire* entre en jeu. Au cours de mes voyages, je rencontre une foule de personnes engagées qui se considèrent comme des croyants. Souvent elles me donnent des explications détaillées pour me convaincre du pouvoir de leurs convictions. « Je crois avoir ce qu'il faut pour réussir », me disent-elles. Ou encore : « Je crois que je mérite de connaître un amour profond et enrichissant. » Cependant, voici la suggestion que je leur fais : « À moins d'être dans l'action, à moins de prendre régulièrement des risques qui vous donnent une meilleure capacité d'accueillir l'amour dans votre vie, vous ne croyez pas encore qu'un jour vous allez rencontrer votre âme sœur. Comment je le sais ? Parce qu'une croyance sans action n'est pas vraiment une croyance.

Hésiteriez-vous à lancer une balle dans les airs de crainte qu'elle reste à jamais suspendue dans l'espace. Bien sûr que non. Vous croyez à la loi de la gravité qui ramènera la balle entre vos mains en toute sécurité. Cet exemple simple montre que lorsque vous croyez fermement en quelque chose, vous agissez. L'action est une partie essentielle de l'équation que vous ne pouvez absolument pas négliger. En fait, il existe deux types d'action qui, les deux, vous rapprocheront de votre objectif ultime.

Certaines actions entrent dans la catégorie que j'appelle « actions évidentes ». Elles sont régies par le principe du sens commun selon lequel si vous voulez vraiment réussir dans n'importe quel domaine de la vie — professionnellement, financièrement ou dans vos relations — vous devez participer activement. Pour emprunter une expression un peu directe : quand on veut tuer un orignal, on va à la chasse à l'orignal. Si vous voulez rencontrer une femme qui partage vos idéaux spirituels, l'action évidente sera de fréquenter une église plutôt qu'un bar. Si vous voulez rencontrer un gars épatant, l'action évidence sera de vous rendre là où se tiennent les gars. Évidemment, il est possible de rencontrer l'homme de vos rêves, même si vous travaillez au pair dans une résidence éloignée — vous pouvez toujours tomber follement amoureuse du facteur — mais c'est peu probable. En vous plaçant régulièrement dans des milieux où il est possible de rencontrer ce que vous désirez, vous augmentez vos chances et vous renforcez le signal magnétique que vous transmettez à l'Univers.

Il y a aussi ce que j'appelle les «actions inspirées». Les actions inspirées sont des impulsions qui se manifestent en vous et qui ne semblent pas être liées logiquement ou directement à votre objectif d'être en amour. Par exemple, un matin en vous rendant au travail, vous avez peut-être soudainement envie de quitter l'autoroute pour aller prendre un café au lait à votre café favori. Souvent nous ne tenons pas compte de ces pensées que nous croyons absurdes ou sans intérêt, mais à vrai dire nous ne savons pas d'où vient cette impulsion ni où elle nous conduira si nous décidons d'y donner suite. Et voilà que votre future âme sœur a été guidée par une même envie et qu'elle se trouve justement dans ce café, au moment même où cette pensée a surgi dans votre esprit.

En appliquant la formule décrite dans ce livre, vous avez invité les forces puissantes de la création à faire équipe avec vous dans votre quête de l'âme sœur. Je peux vous assurer, à partir de mon expérience personnelle et après avoir partagé ses principes avec des centaines de milliers de personnes, que l'Univers ne décline jamais une telle invitation. Il joue son rôle dans ce partenariat en vous inspirant certaines actions. Votre rôle consiste à agir à partir de ces inspirations qui émergent de l'intérieur, même si logiquement elles n'ont pas de sens. N'oubliez pas : toute naissance — que ce soit celle d'un être humain, d'un arbre, d'une galaxie ou d'une relation amoureuse passionnée — commence par une impulsion créative. Voilà pourquoi il est si impératif de vous mettre à suivre vos intuitions.

L'étape finale pour que fonctionne l'équation de la manifestation est de vous rendre disponible pour *recevoir* ce que vous avez demandé. Pour cultiver ce que les guides spirituels, qui se dénomment eux-mêmes Abraham, appellent « mode de réception », il nous faut généralement laisser à la porte nos attentes préconçues. Si vous filtrez tout le monde que vous rencontrez en vous demandant : « Est-ce la bonne personne ? » vous limitez grandement les canaux par lesquels la joie vient alimenter votre vie. Plutôt que d'aborder les gens comme si vous leur faisiez passer une entrevue pour un emploi, arrêtez-vous pour constater qu'il y a beaucoup d'espace dans votre cœur et votre vie pour profiter de divers types de relations. Il y a des gens avec qui c'est amusant de jouer aux quilles et d'autres qui partagent votre goût pour la musique et les arts. Il y a des gens qui vous font rigoler et d'autres avec qui votre créativité et votre productivité s'accroissent grandement. Je vous conseille de les inviter tous. Quand vous appréciez la contribution unique de chaque personne dans votre vie, vous activez un état d'abondance intérieur qui vous attire d'autres expériences extraordinaires. Par contre, quand votre vision est si étroite que vous ne vous ouvrez à l'amour que s'il n'arrive par le canal de votre âme sœur, vous créez un état de manque intérieur qui, en réalité, repousse l'amour que vous désirez.

Tout comme les attentes mettent des conditions sur ce qui est inconditionnel, la détermination rigide d'un moment opportun est une tentative d'appliquer des conditions à l'amour, une expérience qui, nous le savons tous, se déroule qu'au moment propice. Je suis un avide défenseur des objectifs, mais j'en suis aussi arrivé à comprendre — surtout quand il s'agit des affaires de cœur — qu'il peut être inefficace d'imposer des délais pour leur réalisation. Bien sûr, vous avez hâte de rencontrer votre âme sœur et je vous garantis que l'Univers ne remet pas à plus tard votre rendez-vous inévitable juste pour vous torturer. Cela peut nous sembler ainsi dans les moments de désespoir et de solitude, mais ce n'est que parce que notre perspective humaine limitée ne nous permet pas de voir l'ensemble. Pensez aux hélicoptères qui parcourent le ciel au-dessus de nous durant les heures de pointe pour fournir des mises à jour en direct sur les conditions de la circulation routière. Quand vous écoutez le compte rendu à la radio, peut-être vous conseille-t-on ce qui vous apparaît comme un trajet plus long, mais ce que vous ignorez c'est qu'en empruntant cette route vous allez contourner un accident et parvenir plus facilement à destination. Vous avez confié votre désir à l'intelligence infinie de l'Univers et cette force en ce moment même est en train de déterminer le meilleur chemin menant à sa réalisation. Et parce qu'il a une perspective plus large que la vôtre, l'Univers perçoit pour vous un avenir que vous n'avez sans doute jamais osé imaginer.

La période de gestation chez le lapin est de deux semaines ; pour un éléphant, le même processus nécessite deux ans. Les différents rêves ont des périodes d'incubation variées avant de se réaliser. Ayez confiance en votre nature aimante innée, continuez de demander ce que vous désirez, suivez vos intuitions et permettez-vous de recevoir de l'amour de toutes les sources possibles. Ayez foi que le rêve que vous entretenez dans votre cœur est déjà une réalité, et sachez que la personne que vous cherchez vous cherche aussi.

— *Jack Canfield*

À propos de l'auteure

Arielle Ford a passé les 25 dernières années à vivre et à promouvoir la conscience par tous les types de médias. Elle fait partie des membres fondateurs du *Spiritual Cinema Circle*, un club de DVD qui fournit des films inspirants. Elle est bien connue pour avoir lancé la carrière de nombreux auteurs d'ouvrages spirituels et de croissance personnelle ayant eu un grand succès en librairie, entre autres Deepak Chopra, Jack Canfield et Mark Victor Hansen de la collection *Bouillon de poulet pour l'âme* et Neale Donald Walsch. Elle a écrit sept livres, dont la série *Hot Chocolate for the Mystical Soul*. Arielle vit à La Jolla en Californie, avec son mari et âme sœur, Brian Hilliard, et leurs amis félins. Visitez ses sites web[*] : www.soulmatesecret.com et www.everythingyoushouldknow.com.

---

[*] En anglais seulement

Remerciements

J'ai la chance d'être entourée de nombreuses personnes extraordinaires dans ma vie, qui sont à la fois des amis et des collaborateurs.

En tout premier lieu, ma plus profonde gratitude va à la belle, intelligente et toujours avisée Danielle Dorman, pour ses compétences en édition. C'est une étoile brillante. Tous les auteurs devraient avoir la chance d'avoir Danielle à leurs côtés.

À Mike Koenigs, un talent exceptionnel, sans qui il n'y aurait pas de www.soulmatekit.com (l'inspiration de ce livre). Son génie, sa générosité et ses compétences multiples époustouflantes, ainsi que ses connaissances techniques m'ont inspirée quotidiennement.

Je remercie du fond du cœur mes amis qui ont partagé leurs histoires personnelles : mon incroyable belle-mère, Peggy Hilliard, et son âme sœur, John Morse, Marci Shimoff, Linda Sivertsen, Kathi Diamant, Drew Heriot et Jenny Keller, Peggy McColl, Stefanie Hartman, Sean Roach, Gayle Seminara-Mandel, Ken Foster, Colette Baron-Reid et John Assaraf.

Je dis merci à mon charmant cercle d'amis pour leur amour et leur soutien constants : Carol Allen, Heide Banks et Howard Lazar, la révérende Laurie Sue Brockway, Christen Brown, Deepak et Rita Chopra, Nancy De Herrera, Vivian Glyck, Gay et Kathlyn Hendricks, Divina Infusino et Mark Schneider, Gloria Jones, Cynthia Kersey, Carla Picardi et Gofreddo Chiavelli, Carolyn Rangel. Becky Robbins, Faye Schell, Lisa Sharkey, Stephen et Lauren Simon, Jeremiah Sullivan, Renee Thomas, Jai Varadaraj, Marianne Wilson, Scott et Shannon Peck.

À l'ange des relations publiques, Jill Mangino. Merci, ma sœur, pour ton amour, ton soutien et aussi merci de diffuser la nouvelle !

À Shawne Mitchell, pour avoir partagé sa sagesse et ses connaissances sur le feng shui, et à Louis Audet, dont les sages principes de feng shui m'ont beaucoup guidée. À Scott Blum de DailyOm, merci pour ton soutien et ta vision.

À mes surprenants collègues chez Gaiam. Chaque jour, les personnes que vous êtes et ce que vous faites pour le monde améliorent la vie des gens.

Je n'aurais pu terminer ce livre sans l'amour et l'aide de ma formidable sœur, Debbie Ford, dont le travail a inspiré certaines idées exposées ici et qui m'a offert l'occasion de donner ma première conférence sur le concept âmes sœurs dans le cadre de l'une de ses croisières.

À l'étonnante équipe de rêve chez HarperOne : Cynthia DiTiberio, Gideon Weil, Mark Tauber,

Claudia Boutote et Alison Petersen — merci d'avoir rendu cette expérience amusante et presque facile.

Un gros merci à Marci Shimoff et à Jack Canfield pour vos contributions généreuses et pour votre amour et votre soutien sur lesquels je peux toujours compter.

Beaucoup d'amour et d'estime à ma mère, Sheila Fuerst, et à mon beau-père, Howard Fuerst, des âmes sœurs qui me rappellent quotidiennement ce qu'est le GRAND AMOUR.

Enfin, je témoigne ma plus profonde reconnaissance à Amma, la Mère divine, et à mon âme sœur, Brian Hilliard, deux expressions quotidiennes de la manifestation la plus élevée de l'amour.

Le mandala de l'amour

Pour télécharger d'autres exemplaires de ce mandala,
veuillez consulter le site www.soulmatesecret.com/mandala.

POUR OBTENIR UNE COPIE DE NOTRE CATALOGUE :

Éditions AdA Inc.

1385, boul. Lionel-Boulet,
Varennes, Québec, J3X 1P7
Téléphone : (450) 929-0296
Télécopieur : (450) 929-0220
info@ada-inc.com
www.ada-inc.com

Pour l'Europe :
France : D.G. Diffusion Tél.: 05.61.00.09.99
Belgique : D.G. Diffusion Tél.: 05.61.00.09.99
Suisse : Transat Tél.: 23.42.77.40

VENEZ NOUS VISITER

facebook.
WWW.FACEBOOK.COM (GROUPE ÉDITIONS ADA)

twitter
WWW.TWITTER.COM/EDITIONSADA

éditions

www.AdA-inc.com
info@AdA-inc.com